A escravidão no Brasil

Jaime Pinsky

A escravidão no Brasil

Copyright © 1988 Jaime Pinsky
Todos os direitos desta edição reservados à
Editora Contexto (Editora Pinsky Ltda.)

Coordenação de textos
Carla Bassanezi Pinsky

Revisão
Sandra Regina de Souza/Texto & Arte Serviços Editoriais

Projeto de capa
Antonio Kehl

Diagramação
Global Tec Produções Gráficas/Texto & Arte Serviços Editoriais

Dados Internacionais de Catalogação na Publicação (CIP)
(Câmara Brasileira do Livro, SP, Brasil)

Pinsky, Jaime, 1939-
A escravidão no Brasil / Jaime Pinsky. – 21. ed., 8ª reimpressão. –
São Paulo : Contexto, 2025. – (Repensando a História).

Bibliografia
ISBN 978-85-7244-120-9

1. Brasil – História – Abolição da escravidão, 1988 I. Título.

84-2276	CDD-981.0435

2025

EDITORA CONTEXTO
Diretor editorial: *Jaime Pinsky*

Rua Dr. José Elias, 520 – Alto da Lapa
05083-030 – São Paulo – SP
PABX: (11) 3832 5838
contato@editoracontexto.com.br
www.editoracontexto.com.br

Proibida a reprodução total ou parcial.
Os infratores serão processados na forma da lei.

Para
Cecília, Moisés e Isaac,
irmãos queridos

Para todos os negros
também irmãos,
que lutam pela sua dignidade

Prefácio à nova edição

Para mim, a escravidão não é apenas uma "instituição histórica" ou um "modo de produção", mas uma maneira de relacionamento entre seres humanos. E isto esteve presente tanto nos momentos em que escrevi a primeira edição deste livro quanto agora, quando executo uma ampla revisão no seu texto. Talvez, por isso, ele esteja tão impregnado de "ira sagrada", "sede de justiça".

Não me preocupei com nenhum tipo de neutralidade científica: ao escrever ou revisar este livro, me envolvi profundamente com o personagem e me tornei negro e escravo.

A escravidão não é simplesmente um fato do passado. A herança escravista continua mediando nossas relações sociais quando estabelece distinções hierárquicas entre trabalho manual e intelectual, quando determina habilidades específicas para o negro (samba, alguns esportes, mulatas) e mesmo quando alimenta o preconceito e a discriminação racial. Assassinar a memória, escondendo o problema, é uma forma de não resolvê-lo.

Este é um texto engajado, mas muito bem documentado, que não deixa de lado as questões centrais da História da Escravidão no Brasil. Após dezesseis edições sucessivas e mais de cinquenta mil exemplares vendidos, revisei cuidadosamente o livro incorporando o resultado das pesquisas mais recentes. Trato das razões da escravidão dentro do quadro socioeconômico do capitalismo mercantil, do tráfico, da vida cotidiana dos escravos no trabalho e na senzala, da vida sexual e da resistência oferecida pelos negros contra a escravidão.

Rever o texto, para mim, não implicou mudar de atitude diante da História. Estou convicto de que certos trabalhos que "resgatam" relações pseudo-harmoniosas entre senhores e escravos são equívocos que encobrem a verdadeira essência da escravidão: seu caráter cruel e sua influência perversa na formação de nossa sociedade.

Jaime Pinsky

Sumário

Ser escravo..11
O escravo indígena 17
O escravo negro 23
Vida de escravo 47
Sugestões de leitura 95

Ser escravo

A escravidão se caracteriza por sujeitar um homem ao outro, de forma completa: o escravo não é apenas propriedade do senhor, mas também sua vontade está sujeita à autoridade do dono e seu trabalho pode ser obtido até pela força.

Esse tipo de relação não se limita, pois, à compra e venda da força de trabalho, como acontece, por exemplo, no Brasil de hoje, em que o trabalhador fornece sua força de trabalho ao empresário por um preço determinado, mas mantém sua liberdade formal. Na escravidão, transforma-se um ser humano em propriedade de outro, a ponto de ser anulado seu próprio poder deliberativo: o escravo pode ter vontades, mas não pode realizá-las.

A escravidão não é recente na história da humanidade. Já na Antiguidade, verificamos sua ocorrência. Na Mesopotâmia e no Egito, quando da execução de obras públicas como barragens ou templos, grande número de trabalhadores era recrutado. Tornavam-se propriedade dos governantes que lhes impunham sua autoridade e determinavam as tarefas. Não eram, contudo, vendidos e sua atividade podia cessar quando do fim da construção, retornando os trabalhadores às suas tarefas anteriores. As relações que estabeleciam com seus proprietários eram eventuais, diferentes daquelas que ocorriam na Grécia – principalmente Atenas – e Roma, onde a escravidão era a forma mais característica de extração de trabalho.

Escravos eram comprados ou obtidos, após saques e batalhas e nunca perdiam – à exceção de casos isolados – sua condição. A organização das sociedades ateniense e romana baseava-se, em grande parte, na existência do escravo que, com seu trabalho, gerava riquezas para elas.

Tão comum era a ideia da existência do escravo na Antiguidade Clássica que Aristóteles, o filósofo grego, costumava dizer que o escravo, *por natureza*, não pertencia a si mesmo, mas a outra pessoa. Na sua opinião havia pessoas que *a natureza* destinou a serem livres e outras que foram por ela destinadas a serem escravas. Com isso, o filósofo grego escondia o caráter principal da escravidão, qual seja, sua historicidade. Ninguém era escravo *por que a natureza determinou*, mas por força de condições históricas específicas concretas, diferentes em distintos momentos históricos. Nada tem a ver com a natureza, como queria Aristóteles.

De qualquer forma, o apogeu de Grécia e Roma, com seu escravismo, pertencem ao passado e foram superadas por outras formas de organização econômica e social. Por que, então, muitos séculos depois, o escravismo no Brasil? Teria sido um retrocesso a formas de produção que ficaram no limbo da história ou se trata de um outro tipo de escravismo? Nesse caso, quais as condições históricas que propiciaram o aparecimento, aqui, de relações que implicam a sujeição total da vontade de um ser humano pelo outro?

Este livro pretende mostrar, de forma clara, a origem da escravidão no Brasil, suas características gerais, apogeu e ocaso. Não pode esgotar o assunto, mas objetiva chamar a atenção do leitor para alguns pontos que ele poderá – e deverá – aprofundar depois, dentro do seu campo de interesse.

A ESCRAVIDÃO moderna

A escravidão no Brasil decorre da "descoberta" do país pelos portugueses. Antes de sua vinda, não há registro de relações escravistas de produção nas sociedades indígenas. Os casos esporádicos de cativos feitos após lutas entre tribos não afetavam a estrutura econômica nem as relações de produção no grupo vencedor.

Por outro lado, ao contrário do que muitos imaginam, não se deu no Brasil a primeira experiência portuguesa com a mão de obra escrava. Ela já vinha de bastante tempo antes e tinha se desenvolvido a partir de 1441 quando Antão Gonçalves regressou de uma expedição ao Rio do Ouro, carregando consigo meia dúzia de azenegues capturados na costa do Saara, na África, para o infante D. Henrique.

Portugal encontrava-se, naquela ocasião, com sua população desfalcada não apenas devido à guerra de independência contra Castela, como por conta de uma série de epidemias que grassaram em seu território. Ao longo do século xv, a aventura colonial, que deslocava mão de obra útil para a África e as Índias, de forma maciça, agravou o problema. A presença da mão de obra escrava, preenchendo os vazios, permitiria uma intensificação da migração portuguesa para o ultramar. Numa população de um milhão e meio de habitantes, para o século xvi, os estudiosos estimam a emigração em quase trezentas mil pessoas. Assim, o escravo seria uma compensação, ao menos parcial, dessa perda populacional, uma condição para viabilizar as chamadas "conquistas ultramarinas".

De início, a obtenção de escravos ocorria de forma mais ou menos aleatória. As expedições portuguesas iam atrás de riquezas da costa noroeste da África e o rapto de nativos, arrancados de suas casas, fazia parte do conjunto de atividades a que se dedicavam os lusitanos. Logo, porém, saem especificamente para isso. Em 1444, por exemplo, seis caravelas partem de Portugal, com o objetivo exclusivo e declarado de apresar escravos ou, como diz o cronista, *vergonhosa cousa serya tornar pera Portugal sem avantajada presa.*

A expedição de 1444 dá bem uma ideia dessa fase de caça aos escravos, pela violência e desfaçatez. Chegando a uma pequena ilha, os portugueses *deram sobre eles, matando e prendendo quanto podiam.* O resultado foram 165 prisioneiros. Numa segunda ilha prenderam mais sessenta e finalmente, no Cabo Branco, sequestraram 14 homens que encontraram pescando e uma moça que estava dormindo.

A volta da expedição a Portugal, com mais de duzentos escravos, entre negros, mulatos e brancos, foi saudada de forma entusiástica, o que contrastava com o estado de espírito dos cativos, uns se lamentando em voz alta, outros caminhando cabisbaixos e outros, ainda, autoflagelando-se. O cronista que nos legou essa descrição (Zurara) afirma ter, de início, se emocionado com o quadro. Logo, porém, lembrou-se de que os males físicos e a perda da liberdade dos africanos eram amplamente compensados pelo "caminho da salvação espiritual" que a conversão ao cristianismo lhes propiciaria. Como vemos, vários elementos "justificadores" da escravidão no Brasil (inclusive o papel colonizador da religião) já aparecem desde o início do escravismo português.

Em poucos anos, as expedições ocasionais dariam lugar a uma organização mais sofisticada. Um forte português, construído na ilha de Arguim, a oitenta quilômetros ao sul de Cabo Branco, dá origem a uma feitoria, por meio da qual os negociantes lusitanos compravam negros cativos que os intermediários do negócio, por serem inimigos ou por simples interesse comercial, iam buscar no interior da África. A moeda de troca eram tecidos, trigo, sal e cavalos; cada um destes chegava a valer vinte bons futuros escravos.

A população negra em Portugal cresceu muito no século xv e, embora não se tenham dados gerais confiáveis, são comuns as referências de autores da época a respeito de sua importância numérica, tanto em atividades agrícolas, como em serviços domésticos. Por outro lado, os comerciantes portugueses procuram – mesmo contra o interesse da alegada necessidade de repovoamento de Portugal – vender escravos para outros locais, como a Espanha. Verificamos assim que, ao lado do interesse português na presença do escravo como fonte de trabalho e serviços, já encontramos o *negro-mercadoria*, aquele que era tratado pelo comerciante da mesma forma que a malagueta ou o marfim africanos.

Esses comerciantes portugueses terão todo o interesse em abrir novos mercados para aquele produto – o negro africano – que parecia existir de forma inesgotável e pronto para ser negociado: era buscá-lo e comercializá-lo. Assim, se permitem abastecer Espanha e Itália e, principalmente, as ilhas mediterrâneas produtoras de açúcar e, em seguida, suas próprias ilhas atlânticas – Madeira, São Tomé, Açores e Cabo Verde. Não será exagero dizer que, no decorrer do século xvi, já se podem encontrar vários dos elementos integrantes da grande lavoura escravista, que se desenvolveria mais tarde no Brasil: traficantes, proprietários, escravos africanos – força de trabalho e mercadoria – e grande lavoura açucareira.

O ensaio mostrara que a peça era viável. Texto e personagens estavam certos. Faltava apenas encontrar um palco de grandes proporções para encená-la. E este foi encontrado em 1500: o Brasil.

O escravo indígena

Antes de chegar à escravidão negra, a História do Brasil, já em seu primeiro século, registra a utilização do trabalho do índio. Interessados logo nos chamados produtos tropicais – notadamente o pau-brasil –, os membros das primeiras expedições tratavam de conseguir, em troca de algumas quinquilharias, a força de trabalho indígena.

Enquanto os produtos oferecidos pelos portugueses atraíam os índios, o sistema de trocas funcionava bem: o pau-brasil e os alimentos desejados eram conseguidos. Seja, porém, pelo ritmo de trabalho dos índios, seja pelo seu desinteresse total em servir os portugueses uma vez satisfeita a curiosidade pelos produtos europeus, o escambo não mais resolvia a necessidade dos comerciantes lusitanos.

Partiu-se, então, para a escravização do índio.

Embora seja difícil aferir a extensão do regime escravista completo para a mão de obra indígena no Brasil (com as características de perpetuidade, transmissão hereditária por via materna e irrestrita alienabilidade), não há dúvida de que não se tratou de casos esporádicos como se poderia pensar, mas de algo regulamentado pela Coroa portuguesa e que atingiu caráter amplo no espaço e no tempo. É verdade que a legislação variou bastante, estabelecendo inúmeras restrições à escravidão do índio – logo veremos por que o negro era mais interessante – mas os autores encontraram várias circunstâncias em que o aprisionamento e a escravidão do índio brasileiro podiam ser legitimados.

As guerras justas, por exemplo, eram aquelas que deviam ser travadas – uma vez autorizadas pela Coroa e pelos governadores – em legítima defesa contra tribos antropofágicas. Nelas se justificava tomar escravos, como ilustra esta passagem da História do Brasil de Frei Vicente do Salvador:

> De tudo isto informado, o governador Matias de Albuquerque mandou suster na jornada Antonio Lopes de Oliveira e os mais capitães que iam da Paraíba, até se informar melhor do caso e tomar conselho sobre a justiça da guerra, para o que fez ajuntar em sua casa os prelados das religiões, teólogos e outros letrados canonistas e legistas. E concluindo-se entre eles ser a causa da guerra justa, e pelo conseguinte os que fossem nelas tomados, escravos, que são no Brasil os despojos dos soldados, e ainda o soldo, porque o gentio não possui outros bens, nem os que vão a estas guerras recebem outro soldo (...).

É interessante constatar que a força de trabalho do índio é considerada um *bem* que à falta de outros lhe será tomado como butim de guerra, pelos soldados. Estes, por sua vez, farão do índio o seu soldo. E tudo isso considerado justo por teólogos e letrados cronistas.

As *expedições de apresamento*, que celebrizariam os paulistas, tinham por objetivo expresso a caça ao índio. A se confiar nos números geralmente apresentados, cerca de trezentos mil indígenas foram aprisionados e escravizados, dos quais uma terça parte transportada para outras capitanias.

Várias outras formas de escravidão ocorreram, umas formais, outras informais, inclusive a *escravidão voluntária*. Com suas formas de existência desestruturadas, frequentemente o índio via-se obrigado a se vender ou a entregar algum familiar em troca de um prato de comida.

A legislação portuguesa permitia também a escravização de filhos de negros com índios. Uma vez atraído a um engenho, o índio, na prática, ficava retido e seu filho era formalmente escravo. Já em pleno século XVIII há documentos que se referem à prisão de *índios vagabundos* e sua remessa a proprietários de terra. É fácil perceber que por *índio vagabundo* designa-se o *índio livre* e que sua escravização tornava-se corolário de seu aprisionamento.

Deslocado do seu ambiente e exposto a doenças, o índio era submetido a condições de vida e trabalho terríveis, das quais nem mulheres e crianças eram poupadas. Na ilustração: caçadores de índios conduzindo suas presas.

Como se pode ver eram diversas as maneiras pelas quais se reduzia o índio à escravidão completa. Além disso, havia outras formas compulsórias de extração da força de trabalho indígena, como a "administração", as reduções jesuíticas e até mesmo o assalariamento. Com frequência esses sistemas impunham regime de trabalho mais severo do que a escravidão propriamente dita. Um sistema muito curioso era imposto aos índios das missões: durante um semestre, serviam nas próprias aldeias e no outro atendiam às necessidades dos moradores. O salário era predeterminado e todos, de 15 a cinquenta anos, deviam prestar esse trabalho.

Sem nenhuma responsabilidade – e sem nenhum custo inicial – cada patrão procurava extrair do índio o máximo – não respeitando limites de horário nem para carga de trabalho. Assim, além de deslocado do seu ambiente e sujeito a doenças comuns ao europeu, mas arrasadoras para si, o índio via-se submetido a condições de vida e de trabalho terríveis, o que terá contribuído, enormemente, para a queda da população indígena em áreas de "colonização" branca.

Caberia aqui a pergunta: por que a mão de obra indígena escrava desapareceu?

Primeiramente seria necessário relativizar o alcance da própria pergunta. Hoje já sabemos que o cativeiro do índio não é simplesmente um fenômeno imediatamente posterior ao escambo, sendo logo em seguida substituído pelo escravo africano. Na primeira metade do século XVII, por exemplo, há um recrudescimento do processo de apresamento do indígena, quando, por decorrência da presença holandesa, surgiram dificuldades no tráfico negreiro. De qualquer forma, mesmo relativizada, a questão é válida: por que o negro, se o índio poderia ser escravizado?

Vários argumentos se colocam aí: a fraca densidade demográfica da população indígena no Brasil; o fato de as tribos ficarem cada vez mais arredias, a partir da percepção do interesse do branco em escravizá-las; a dizimação dos indígenas por meio da superexploração de sua força de trabalho; a proteção jesuítica etc.

Não se pode, contudo, deixar de lado um aspecto essencial da questão: o interesse da Coroa e dos traficantes. Enquanto a

A escravização do índio continuou existindo em algumas áreas do Brasil, pelo menos até o século XIX (*O caçador de escravos*, de Debret).

captura do índio era quase um negócio interno da colônia – quando, frequentemente, até o *quinto* (imposto) devido à Coroa era sonegado –, o comércio ultramarino trazia excelentes dividendos tanto ao governo, quanto aos comerciantes. Assim, governo e jesuítas apoiavam indiretamente os traficantes, estabelecendo limitações à escravidão indígena – em nome de Deus.

Em nome de quem, por outro lado, aceitavam a escravidão negra?

O escravo negro

Nada mais equívoco do que dizer que o negro *veio* ao Brasil. Ele *foi trazido*. Essa distinção não é acadêmica, mas dolorosamente real e só a partir dela é que se pode tentar estabelecer o caráter que o escravismo tomou aqui: vir pode ocorrer a partir de uma decisão própria, como fruto de opções postas à disposição do imigrante. Ser trazido é algo passivo – como o próprio tempo do verbo – e implica fazer algo contra e a despeito de sua vontade.

Havia um problema real, a ausência de mão de obra em escala suficiente, obediente e de baixo custo operacional, para que o projeto da grande lavoura se estabelecesse adequadamente. Se essa mão de obra fosse uma mercadoria em cima da qual os mercadores pudessem ganhar, comprando barato e vendendo caro, melhor ainda. O negro foi, portanto, trazido para exercer o papel de força de trabalho compulsório numa estrutura que estava se organizando em função da grande lavoura. Aqui, não havia muita preocupação em prover o sustento dos produtores, mas em produzir para o mercado. Considerava-se a agricultura de subsistência um desperdício de investimento e mão de obra que deveriam ser dirigidos à grande lavoura. Dessa forma, a "racionalidade" e a eficiência da grande lavoura só poderiam ser avaliadas na medida em que atingissem esses objetivos para os quais a mão de obra escrava era fundamental.

Fica claro, portanto, que a grande lavoura, inserida no sistema mercantilista globalizado da época, se caracterizava por produzir gêneros destinados ao mercado mundial. Tinha, contudo, uma outra característica muito importante, em termos de organização de produção: era um trabalho coletivo, a partir de um comando unificado. Realmente, a estrutura de poder na grande lavoura baseava-se na família de proprietários – da terra e dos escravos – sob cuja direção gravitavam feitores, agregados e principalmente os escravos. Na grande lavoura, horários, tarefas, ritmo e turnos de trabalho eram todos determinados pelo proprietário e sua equipe. Para aqueles que têm o (bom) hábito de comparar, observe-se aqui a flagrante distância entre essa forma de organização de trabalho centralizada e a organização feudal, na qual pequenas unidades produtivas de caráter familiar dispunham de relativa autonomia.

Outro aspecto que não pode ser menosprezado é a complexidade das atividades que costumava apresentar uma unidade produtiva – fazenda e engenho – da grande lavoura. Pois não se tratava de uma atividade simplesmente agrícola (não era apenas plantar, colher e vender), mas também do beneficiamento de um produto da lavoura. A complexidade e mesmo a diversidade das atividades de um engenho exigiam um número bastante expressivo de braços. Em levantamentos documentais que fiz, raramente encontramos um "engenheiro" (como são chamados nos documentos de época os donos de engenho) com menos de cinquenta escravos, quando se tratava da produção de açúcar. De resto, o investimento inicial em aparelhagem cara só se tornava viável com uma grande produção. É verdade que o dono do engenho recebia também, para beneficiamento, a cana de pequenos proprietários. Contudo, na própria base de sua atividade, estava presente a mão de obra escrava, adequada à grande lavoura, ao comando unificado e à formação de equipes de trabalho relativamente cordatas – até por força de condição a que foi submetido o negro.

Não é por acaso que pequenos engenhos, as engenhocas, de custo inicial e operacional bem mais baixos, funcionavam com número bem menor de escravos e, no limite, até sem eles. Seu próprio objetivo era outro, a produção da rapadura ou cachaça, mercadorias que comercializavam na região e não no além-mar. Embora numerosas, não são essas unidades produtivas que caracterizam o regime escravista de trabalho, mas são subprodutos dele. O fundamental é a grande lavoura. Vale a pena exemplificar.

Os escravos negros utilizados no trabalho dos grandes engenhos exportadores plantavam, cultivavam e beneficiavam a cana transformando-a em açúcar. A complexidade e diversidade das atividades de um engenho exigiam um grande número de braços para o trabalho. Na ilustração, a moagem da cana.

Em pesquisa realizada com documentos referentes à região de São Sebastião, litoral norte de São Paulo, pude constatar que havia uma importante população de escravos nos últimos anos do século XVIII, vinculada à grande lavoura açucareira. Lá por 1820, o café, que vinha sendo plantado esporadicamente, passa a se constituir no principal produto de exportação. A força de trabalho escrava é deslocada para essa atividade, diminuindo, de forma sensível, a produção do açúcar. Concomitante ao deslocamento da maior parte da população escrava da cana-de-açúcar para o café, observei não só uma queda acentuada na produção do açúcar, o que seria razoável esperar, como ainda um grande aumento da produção de aguardente. Para isto utiliza-se mão de obra familiar, de agregados e, em poucos casos, de pequenos grupos de escravos, muitos deles mais velhos e com menor valor de mercado, colhendo a cana e movendo engenhocas. Os documentos permitem afirmar que, ao contrário do açúcar e do café, a aguardente é quase toda consumida local e regionalmente; uma parte muito pequena da produção iria servir de moeda de troca por escravos, junto a grupos africanos. Ou seja, tratava-se de uma atividade econômica secundária dentro do esquema do mercantilismo. A mesma cana-de-açúcar, na mesma terra, com os mesmos proprietários, quando deixa de ser plantada para produzir açúcar – e sim para a aguardente ou a rapadura – deixa de ter o mesmo significado econômico e não mais permite a utilização de escravos de custo inicial alto.

A propriedade escravista (para a produção do açúcar, antes, e do café, depois) era, portanto, a característica principal da agricultura brasileira do período colonial e durante todo o século XIX.

Havia, evidentemente, outros tipos de ocupação da terra, como também outro tipo de destinação para os escravos. No decorrer do século XIX o escravo urbano, prestador de serviços, tem uma presença muito forte até na formação cultural do nosso país. No auge do período de extração aurífera na região de Vila Rica (hoje Ouro Preto), as atividades dos escravos não podem ser subestimadas. Não se deve, contudo, perder de vista que a razão de ser da escravidão e sua persistência têm a ver com

No século XIX, o principal produto da agricultura brasileira não era mais o açúcar e sim o café. Entretanto, permanecia a mesma organização produtiva: a grande propriedade latifundiária monocultora e exportadora baseada na mão de obra escrava, como mostra este registro de 1865.

sua vinculação à forma de organização de produção na grande lavoura de exportação.

E, é claro, com o interesse dos traficantes.

O CATIVEIRO

Lembramo-nos sempre da origem africana dos escravos. Poucas vezes, contudo, perguntamo-nos sobre sua forma de existência na África. É como se víssemos o negro como sendo "naturalmente" escravo (ao contrário do índio), destituído da vida em liberdade. Isso ocorre porque o índio era visto em estado de liberdade, enquanto o negro, ao chegar aqui, já tinha passado pela experiência da captura, escravização, transporte através do mar e o consequente desenraizamento, deslocado que era do seu habitat e de sua organização social.

Assim, simplesmente atribuir às sociedades africanas negras o caráter de "atrasadas" ou "primitivas" é não apenas um preconceito injustificável – embora explicável – mas um erro histórico. Lançando um rápido olhar sobre a África na época dos descobrimentos, no início do tráfico mercantilista, podemos reconhecer desde grupos com organização social tribal, como povos já divididos em classes sociais e sociedades tribais-patriarcais. Agricultura, pecuária, artesanato com madeira e metais eram atividades econômicas desenvolvidas com bastante competência. E se praticavam a escravidão – o que é inegável – faziam-no de maneira bem diferente daquela que se desenvolveria a partir do tráfico mercantil. O tráfico era muito reduzido, escravos eram geralmente prisioneiros de guerra e após algumas gerações as relações escravistas eram eliminadas. A escravidão por dívidas e a venda de membros da família devido à fome também ocorriam, mas sem maior significado numérico. É verdade também que antes do século XV, mercadores árabes levavam escravos negros para haréns ou para a escravidão doméstica que persistiu no Mediterrâneo na Idade Média. Mas nada assemelhava-se ao tráfico mercantil que iria alterar profundamente as sociedades africanas, desorganizando-as do ponto de vista político, econômico, demográfico e sociocultural.

Nos cenários urbanos, os escravos exerciam as mais variadas atividades a mando de seus senhores, para os quais eram obrigados a entregar seus ganhos de cada dia. Nas cidades, além de executarem tarefas domésticas, os escravos transportavam mercadorias e pessoas pelas ruas, atuavam no pequeno comércio ambulante e nas vendas, prostituíam-se ou pediam esmolas em favor de seus proprietários (Rugendas).

Devido ao interesse que tinham pelos produtos que os europeus ofereciam em troca, alguns grupos de negros passaram a ter no apresamento de escravos sua principal atividade econômica. Em diferentes períodos, o escambo era feito com tecidos, trigo, sal e cavalos, mas, desde logo, armas e munições passaram a desempenhar um papel fundamental. De fato, o grupo que dispunha de armas de fogo adquiria enorme superioridade relativamente a outros, permitindo-lhes escravizar – e não ser escravizado – graças às suas vantagens bélicas.

A partir da intensificação do contato com a América, outros produtos passaram a ser trocados por escravos, como o tabaco, a aguardente e o açúcar. Assim, o sistema mercantil nos revela um elemento muito importante de sua perversidade intrínseca: escravos eram adquiridos pelos traficantes em troca de mercadorias produzidas pela força de trabalho escrava; e os novos cativeiros teriam por função reproduzir essa cadeia diabólica. A captação do escravo se dava principalmente por cidades portuárias como Luanda ou Benguela – que tinham conexões com agentes que, por sua vez, iam até regiões do interior para a realização do escambo. Dessa forma, uma rede extremamente complexa estimulava aquilo que era para os traficantes um comércio de mercadorias, de bens de troca e para os negros, um simples escambo, troca de bens de uso.

A ORIGEM

Afirmar-se que os escravos foram trazidos inicialmente da Guiné não contribui para esclarecer muito as coisas. Olhando-se num mapa moderno da África Ocidental, poder-se-ia pensar que todos os negros eram originários da região onde fica hoje o estado denominado Guiné. Contudo, na época, o nome era usado de forma muito genérica e devia incluir toda a região que vai da embocadura do rio Senegal – limite da região desértica entre Senegal e Mauritânia – até o do rio Orange, no atual Gabão. Por isso, durante os dois primeiros séculos, quase todos os escravos eram "da Guiné", mesmo sem sê-lo.

Nos pesados trabalhos nas áreas mineradoras da região de Vila Rica do século XVIII, os homens negros penavam tirando do fundo do poço o cascalho que, em seguida, era colocado em gamelas carregadas pelas mulheres negras que o levavam para ser lavado (*Lavagem de ouro*, Rugendas).

A origem dos primeiros escravos identificou a região.

Na verdade se essa "Grande Guiné" foi uma das zonas de origem do negro escravo, Angola foi outra. Através de seus portos, como Benguela e Luanda, sem dúvida um número muito grande de negros foi enviado, desde o início do tráfico. De outras regiões, como ilhas africanas ocidentais, ou zonas na África Oriental – como Madagascar e Moçambique – o tráfico foi menor, embora não desprezível.

Deve-se, contudo, lembrar que o porto de origem do escravo não tinha, necessariamente, relação com sua origem étnica. Como já vimos, a *captação* de escravos dava-se, com frequência, no interior, muitas vezes a distâncias significativas dos locais de embarque.

Dessa forma poderemos notar uma grande variedade de grupos negros trazidos ao Brasil pelos traficantes (portugueses e ingleses, os mais expressivos já no século XVIII). Se temos os guinéus e os angolanos, temos também, os bantus, os sudaneses, os minas, entre outros. A multiplicidade de etnias e clãs era decorrente não apenas do processo de apresamento do negro que, como vimos, variava com o tempo; decorria também do interesse que os senhores tinham em ter escravos de diferentes origens; isso a seu ver, representaria diversificação de hábitos, língua e religião, dificultando a integração da população escrava e o surgimento de qualquer espécie de organização conduzida por eles.

Inicialmente interessados em cristianizar os "infiéis" – não tinha sido esse o pretexto do início da escravidão negra? – os portugueses obtiveram algum sucesso nessa direção. Conseguiram converter ao catolicismo vários reis e respectivas famílias na região do Congo. Em seguida, despejaram missionários, cuja função deveria ser a de *salvar* as almas dos negros...

Já no século XVI, com o recrudescimento do tráfico e o interesse de mercadores e da Coroa portuguesa, o panorama vai se alterando. Os missionários na África vão sendo substituídos por soldados e comerciantes; não se fala mais de um Estado cristão na África, fala-se de tráfico.

A justificativa da escravidão se desloca. A cristianização torna-se um assunto a ser resolvido nos locais para onde os escravos seriam levados. A homogeneização da crença dos negros passa

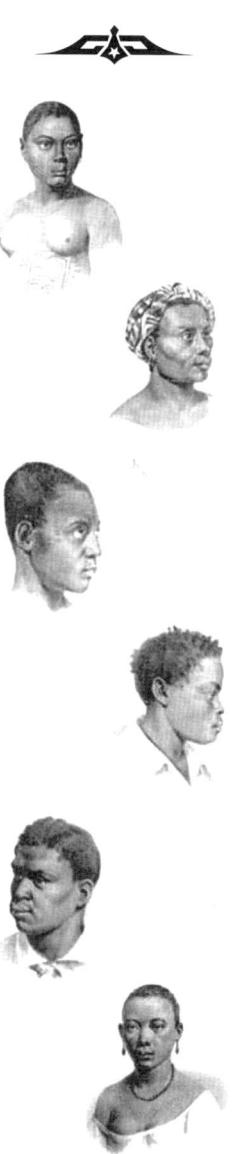

Uma grande variedade de grupos negros foi trazida ao Brasil pelos traficantes. A multiplicidade de etnias e clãs servia ao interesse dos senhores em possuir escravos de diferentes origens para melhor dominá-los (*Tipos negros*, Rugendas).

a ser concebida em termos das vantagens ou desvantagens que poderiam trazer para seus algozes – traficantes e senhores.

De uma forma ou de outra, filhos de tribos pastoras ou agricultoras, habitantes de savanas ou de florestas, os negros eram desenraizados, aprisionados, vendidos, revendidos, escravizados, conduzidos ao porto e embarcados.

Para uma longa viagem ao desconhecido.

Nem seus deuses podiam auxiliá-los.

A VIAGEM

> Ontem a Serra-Leoa,
> A guerra, a caça ao leão,
> O sono dormido à toa
> Sob as tendas da amplidão
> Hoje... o porão negro, fundo,
> Infecto, apertado, imundo,
> Tendo a peste por jaguar...
> E o sono sempre cortado
> Pelo arranco de um finado
> E o baque de um corpo ao mar...
> (*Castro Alves*, "Navio Negreiro")

O transporte dos escravos, ao qual só no século XIX a "civilização branca" vai destinar poemas candentes como o citado, era, sem dúvida, uma forma de reduzir o negro à sua expressão mínima, de prepará-lo para o que vinha.

Tudo começava ainda em terra. Para fazer com que o navio negreiro não perdesse demasiado tempo tocando de porto em porto até completar sua carga humana, construíram-se feitorias junto aos ancoradouros. Sua função era reunir um grupo de cativos que ficavam aguardando o navio e não o contrário. Os negros eram aglomerados num depósito, constituído de barracos de madeira ou pedra. Eram relativamente bem tratados, mesmo quando tinham que trabalhar para sua alimentação nas ocasiões em que os navios demoravam. Suas habitações nada tinham a ver com os *currais* provisórios, cercados de paliçadas, onde ficavam durante as longas caminhadas desde seus locais de origem.

"Esses infelizes são amontoados num compartimento cuja altura raramente ultrapassa 5 pés. Esse cárcere ocupa todo o comprimento e a largura do porão do navio (...) de encontro às paredes e em torno do mastro; onde quer que haja lugar para uma criatura humana, e qualquer que seja a posição que se lhe faça tomar, aproveita-se. O mais das vezes, as paredes comportam, a meia altura, uma espécie de prateleira de madeira sobre a qual jaz uma segunda camada de corpos humanos." Relato de Rugendas – que também é autor da ilustração (*Negros no porão do navio*) – publicado em 1835.

Chegando o navio negreiro ao porto, procurava-se embarcar os escravos de acordo com a ordem de sua chegada ao depósito. O temor de uma revolta dos negros estava sempre presente – o que deixa claro que não se tratava de rebanho cordato, mas de seres humanos orgulhosos – e imaginava-se que ninguém deveria ficar muito tempo nos depósitos, para não semear o gérmen de uma rebelião.

A propósito, é importante tentar avaliar bem a situação do negro, antes de se acusá-lo de amorfo e submisso. Retirado do seu habitat, de sua organização social, do seu mundo, é natural que estivesse atemorizado diante de uma nova condição que, ao menos de início, nem chegava a compreender devidamente. Sem conseguir definir seu espaço social, sentia-se nivelado pelos captores aos demais cativos, oriundos de outras tribos, praticantes de outras religiões, conhecedores de outras línguas, vindos de outra realidade. Nem por isso, ele se identificava com outros cativos: sentia-se solto, perdido, sem raízes. Não entendia bem sua situação, reagindo com estupor e inércia às ordens.

Não conseguindo interagir com os companheiros de cativeiro, dificilmente organizava rebeliões. Quando muito manifestava-se isoladamente e seu ato, sem maiores repercussões, era prontamente reprimido pelos europeus. A única alternativa à submissão era o suicídio.

Outra, não havia.

Na hora do embarque, ainda tinha que ouvir o sacerdote – que ao colocar o sal em sua língua o batizava, pois pagãos não deveriam ir a um país cristão – insistir para que ficasse contente já que ia a um lugar onde aprenderia as coisas da fé; para tanto deveria deixar de "comer cães, ratos e cavalos".

E deveria esquecer seu país de origem.

Para materializar a solicitação da Igreja e por meio da humilhação reduzir o homem negro à sua nova condição – de escravo – ele era, durante a viagem, marcado a ferro no ombro, na coxa ou no peito. A praxe era também colocá-lo a ferros, ao menos até se perder de vista a costa africana.

Claro que a lei portuguesa tratava de defender a "mercadoria". Exigia que ao escravo fossem fornecidas três refeições diárias, dois litros e meio de água e que sofresse revisão médica.

Mas não há dúvida de que só eram cumpridas as disposições de interesse dos traficantes. A travessia não era, à época, cruzeiro de luxo para nenhum viajante. A fome, a sujeira, o desconforto e a morte eram companheiros de viagem dos negros.

O número de escravos por navio era... o máximo possível. Uns quinhentos numa caravela, setecentos num navio maior – cerca de mil toneladas – iniciavam a viagem que demorava de 35 a cinquenta dias a partir de Angola até Recife, Bahia ou Rio de Janeiro, numa viagem normal. Calmarias ou correntes adversas podiam prolongar a travessia até cinco ou mesmo seis meses, tornando mais dantescas as cenas de homens, mulheres e crianças espremidos uns contra os outros, vomitando e defecando frequentemente em seus lugares, numa atmosfera de horror que o calor e o mau cheiro se encarregavam de extremar. Cronistas registram que navios negreiros eram pressentidos nos portos pelo odor que os antecipava e que persistia mesmo quando já estavam livres de sua carga.

É claro que, num ambiente desses, grassavam doenças, fazendo com que o fundo do mar se transformasse no ponto final da viagem de muitos. Ainda há autores que procuravam minimizar a importância de escravos mortos na travessia. Afirmam, não sem certa dose de razão, que nenhum traficante teria interesse em perder sua mercadoria e que naquela época a viagem transoceânica representava um risco para todos, de forma que mesmo brancos sendo transportados ou até membros da tripulação morriam com frequência de escorbuto, avitaminose ou algum outro problema. O fato é que entre brancos, lá pelo século XVII, a taxa média de mortalidade não passava de 1 % em cada travessia, enquanto os dados estimados para os negros são muito mais elevados, como veremos a seguir.

QUANTOS NEGROS morreram?

Quantos negros morreram na travessia do Atlântico em direção ao Brasil? É comum afirmar-se que quatrocentos mil saíram da África e nunca chegaram ao Brasil. Porém esse número, por substancial que seja, é apenas a ponta do *iceberg* da mortandade que consiste na transformação do negro em mercadoria. O historiador Luiz Felipe de Alencastro desvenda cruamente a dimensão trágica do tráfico. Segundo ele, 40% dos negros morriam nos primeiros seis meses subsequentes ao seu apresamento, no interior da África, a caminho do litoral. Doze por cento dos sobreviventes morriam durante o mês em que ficavam nos portos, aguardando o transporte. Durante a travessia, morriam 9% dos que embarcavam, e metade dos que chegavam morriam durante os quatro primeiros anos de Brasil!

Dessa forma, embora os números absolutos variem conforme a fonte consultada, o estágio atual dos estudos históricos aponta para as seguintes cifras como as mais prováveis:

negros apresados		8.330.000
mortos nos seis primeiros meses	3.300.000	
		5.000.000 sobreviventes
mortos no porto de embarque	600.000	4.400.000 sobreviventes
mortos na travessia	400.000	4.000.000 sobreviventes
mortos nos quatro primeiros anos de Brasil	2.000.000	2.000.000 sobreviventes

Assim de 8.330.000 negros aprisionados, só dois milhões teriam conseguido sobreviver por mais de cinco anos. Mais de seis milhões de mortos.

SER MERCADORIA e ser gente

A pergunta se impõe: se os traficantes tinham interesse no escravo como mercadoria por que o morticínio tão elevado? Por que os navios iam geralmente superlotados, não oferecendo condições mínimas de higiene e conforto?

Para responder a essas questões, deve-se pensar no tráfico com a lógica do traficante: para ele aquilo era uma atividade econômica em que o escravo representava – na origem – a despesa menor. Possuir capital para colocar o navio no mar, equipá-lo, adequá-lo ao tráfico, contratar tripulação, adquirir comida para a travessia – todos estes eram custos praticamente fixos, viajasse o navio com duzentos ou trezentos escravos, por exemplo. Tendo certas despesas, independentemente do número de escravos transportado, pagando pouco pelo escravo na África e recebendo muito por ele no Brasil, a perda eventual de 10% dos negros transportados era compensada amplamente pelo maior número de escravos que o traficante teria para vender no seu destino.

A morte dos negros na travessia não foi, portanto, "fatalidade" da natureza. Ocorreu devido ao interesse dos traficantes em maximarem seus lucros. É importante lembrar-se disso num momento em que o estudo da escravidão no Brasil passa por uma forte revisão que busca desfigurar sua historicidade. Mesmo sendo agentes históricos, se pensados no conjunto, cada traficante e cada senhor de escravos é responsável por suas decisões individuais, como lotar porões de navios ou submeter escravos a situações de vida desumanas.

Africanos desembarcados em portos brasileiros

Anos	Total	Média anual	Século
1531 – 1575	10.000	222	XVI
1576 – 1600	40.000	1.600	50.000
1601 – 1625	100.000	4.000	
1626 – 1650	100.000	4.000	
1651 – 1675	185.000	7.400	XVII
1676 – 1700	175.000	7.400	560.000
1701 – 1710	153.700	15.370	
1711 – 1720	139.000	13.900	
1721 – 1730	146.300	14.630	
1731 – 1740	166.100	16.610	
1741 – 1750	185.100	18.510	
1751 – 1760	169.400	16.940	
1761 – 1770	164.600	16.460	
1771 – 1780	161.300	16.130	

1781 – 1790	160.900	16.090	XVIII
1791 – 1800	233.700	23.370	1.680.100
1801 – 1810	241.400	24.140	
1811 – 1820	327.700	32.770	
1821 – 1830	431.400	43.140	XIX
1831 – 1840	334.300	33.430	1.732.200
1841 – 1850	378.400	37.840	(apenas 50 anos)

Fonte: Estatísticas históricas do Brasil. IBGE, 1987, p. 58.

Os dados revelam um crescimento praticamente contínuo, do número de negros escravizados trazidos ao Brasil. Observe-se uma estabilidade bastante grande no século XVIII e um aumento considerável no século XIX; em cinquenta anos desse século foram trazidos mais escravos que em todo o século anterior.

Estimativa de desembarque de africanos no Brasil por década (de 1530 a 1850)

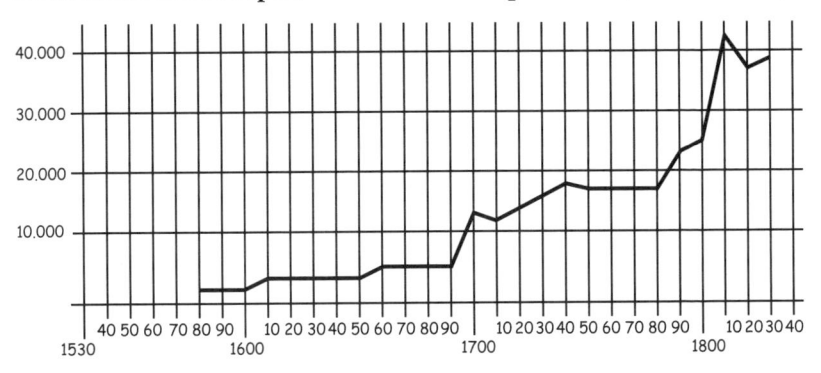

Fonte: Estatísticas históricas do Brasil. IBGE, 1987, p. 58.

Pelo gráfico acima é possível visualizar o crescimento contínuo do fluxo de africanos escravizados para o Brasil. No século XVI um total de 50.000 negros; no século XVII, o número salta para 560.000; no século XVII para 1.680.100 e durante apenas cinquenta anos do século XIX, 1.732.200 negros são desembarcados nas costas brasileiras. A partir de 1850 fica proibida a entrada de escravos negros no Brasil.

A CHEGADA e o tráfico interno

O desembarque dos negros dava-se assim que o navio chegava a um dos portos de destino no Nordeste, Norte ou no Rio de Janeiro, áreas

No Mercado do Vallongo, no Rio de Janeiro, negros à venda – adultos e crianças – eram expostos publicamente e examinados como animais pelos possíveis compradores (*Mercado da rua Vallongo*, aquarela de Jean-Baptiste Debret).

de grande demanda de escravos nos séculos XVI e XVII. Mais tarde, teriam outros destinos – mais ao sul, mais para o interior – porém, de início, ficavam nas zonas litorâneas. O tráfico se desenvolvia por importação direta pelos proprietários de terras ou por meio de alguém que financiava e organizava a importação. Frequentemente, o fazendeiro – em geral ligado à produção de açúcar – mandava buscar escravos para si e vendia os que não necessitasse.

A venda de escravos ocorria no próprio porto de desembarque, por meio de negociações diretas ou pela realização de leilões. A presença de intermediários – os chamados tratantes – só iria se afirmar com o desenvolvimento da atividade aurífera em Minas Gerais. Esses comerciantes fariam o papel de ponte, a intermediação entre o traficante que chega até o litoral e o futuro proprietário dos escravos.

A demanda de escravos nas chamadas Minas Gerais provocaria alterações significativas no tráfico, uma vez que não apenas deslocou o eixo da presença dessa mão de obra para fora da atividade canavieira, como ainda provocou um crescimento na quantidade de navios encarregados do tráfico; e o que é muito importante – os traficantes foram se desvinculando cada vez mais dos proprietários de terras e engenhos. Não precisavam mais de seu financiamento e encontravam no Brasil um mercado mais diversificado para os seus produtos. Ou seja, a partir da virada do século XVII para o XVIII, o tráfico passou a ser uma atividade em si, explicada internamente pela maior demanda de escravos e pela necessidade de acumulação do sistema colonial, como um todo.

Para o escravo, estas alterações representavam, concretamente, passar por várias mãos antes de chegar ao seu destino final. Seu preço subiu no mercado interno, por conta da maior demanda e da especulação dela decorrente. Isto vai provocar o desenvolvimento do tráfico interno, resultado também do fato de o investimento no escravo deixar de ser rentável em certas atividades. Noutras palavras, um escravo que tivesse um custo inicial de, por exemplo, cem mil réis, ainda poderia ser interessante na produção de açúcar em condições difíceis de plantação, terra já cansada etc. Contudo, a duzentos mil réis

Os negros podiam permanecer meses alojados nos mercados, doentes, enfraquecidos, assustados e exibidos como mercadoria antes de serem negociados (*Mercado de escravos*, Rugendas).

seria mais conveniente vendê-lo, já que o retorno da aplicação se tornaria problemático.

O caráter de mercadoria do escravo evidenciava-se: seu deslocamento de áreas menos rentáveis para outras mais rentáveis deixava patente que atribuir-lhe o caráter apenas de força de trabalho não dava conta da dimensão do seu papel na economia brasileira. O movimento de escravos continuaria ocorrendo até, praticamente, a época da abolição. Durante quase todo o século XVIII, do litoral para as zonas auríferas; em fins do século XVIII, das Minas Gerais para o litoral e para São Paulo; depois, do litoral para o Vale do Paraíba; de várias regiões para o Oeste Paulista e assim por diante.

Esse tráfico faz com que escravos sejam conduzidos para regiões cada vez mais distantes, caminhando, tangidos por seus antigos donos que iam vendê-los em locais onde podiam conseguir preço melhor, ou, mais frequentemente, por intermediários que a isso se dedicavam. São frequentes as referências documentais a grupos enormes de escravos, arrebanhados de vários locais, sendo levados na rota dos mercados favoráveis do momento.

Após 1850 (quando o tráfico ficou proibido), as condições tanto da viagem quanto de "comércio" interno tornaram-se mais difíceis... para os escravos. Sabe-se de vários pontos que, durante longo tempo e com a conivência das autoridades locais, recebiam escravos contrabandeados.

Em São Paulo, a região de Castelhanos, na Ilha Bela é citada em vários documentos da época, sendo que nenhuma denúncia conseguiu impedir o contrabando. Os escravos eram desembarcados à noite e levados para uma região próxima à atual praia de Maresias. Lá ficavam algumas semanas com a finalidade de se aclimatarem e aprenderem algumas palavras e frases em português. Com isso, pretendia-se que as autoridades que fiscalizavam eventuais denúncias de escravos contrabandeados fossem enganadas e acreditassem na naturalidade brasileira dos negros.

É importante registrar aqui que o negro era tratado como mercadoria, não havendo preocupação alguma em se respeitar sua natureza humana. No mercado do Vallongo, no Rio de Janeiro, gravuras e descrições mostram negros à venda sendo examinados como animais: pais e filhos eram separados sem o menor problema por compradores que não tinham, eventualmente, interesse na família inteira. Apenas em 1868, quando o grito contra a escravidão começou a penetrar de forma mais consistente nos ouvidos da opinião pública, saiu uma lei proibindo a venda de escravos debaixo de pregão e em exposição pública, assim como a separação entre pais e filhos com menos de 15 anos.

Igualmente, reafirmando o caráter de mercadoria dos escravos, são os anúncios que a imprensa registrou em todo o século XIX. Com frequência, encontramos propostas de compra e venda de negros cativos, louvando suas qualidades como a humildade, conformismo, ausência de vícios ou defeitos e boa saúde.

Como mercadoria, além de comprado, vendido ou alugado, o escravo podia ser oferecido como fiança e trocado por bens móveis ou imóveis.

Noutro trecho deste livro tentaremos mostrar como o negro reagia a esse mundo opressor em que o tão propalado "caráter benevolente" ou "cordial" do homem brasileiro não se revelava. A perversidade da organização social escravista organizava a sociedade criando um mundo de senhores e escravos, proprietários e propriedade, donos e mercadoria.

Em qualquer estudo que se faça a respeito da escravidão deve-se ter isso bem em mente, para não se desenvolver uma história abstrata e irreal. Estudos muito específicos dão conta de situações diversas vividas por um ou outro escravo, em períodos bem específicos, em regiões bem delimitadas. Esses estudos, quando benfeitos, são uma boa contribuição para que possamos compreender alguns detalhes da vida dos escravos. O perigo é confundir-se o particular com o geral e estender situações excepcionais para o todo.

A recuperação do passado com vistas à compreensão do presente e à iluminação do futuro – o papel do historiador – passa necessariamente pela constatação das mazelas e violências de que o povo tem sido vítima.

E ter sido tratado como mercadoria foi uma das maiores violências perpetradas contra o povo negro.

Vida de escravo

A vida cotidiana do escravo se desenvolvia, não em função de suas próprias escolhas, mas em decorrência das tarefas que lhe eram atribuídas. Isto acontecia pela sua contraditória condição de humano e de "coisa" – ter vontade própria e não poder executá-la, tendo de executar, por outro lado, vontades que não eram suas, mas do senhor. O dia a dia do escravo refletia sua condição própria de existência e variava bastante, dependendo das especificidades do trabalho na agroindústria canavieira, na agricultura cafeeira, na atividade aurífera ou em atividades domésticas.

Na impossibilidade de tratar da vida cotidiana dos escravos em todas as atividades, vou me ater ao escravo da agricultura cafeeira. A importância econômica, a quantidade de mão de obra empregada, a relativa proximidade cronológica e as fontes documentais e bibliográficas à disposição justificam amplamente essa escolha.

O TRABALHO

O negro era cativo para que sua força de trabalho o fosse. Como consequência, o elemento predominante na existência do negro era o trabalho. Nas fazendas de café eram comuns as jornadas de trabalho de quinze a dezoito horas diárias, iniciadas, ainda de madrugada, ao som do sino que despertava os escravos para que eles se apresentassem, enfileirados, ao feitor, para receber as tarefas. Se as atividades fossem próximas à sede da fazenda, iam a pé; se mais distantes, um carro de boi os transportava.

No eito, distribuíam-se em grupos e trabalhavam horas a fio sob as vistas do feitor e embalados pela música que cantavam. Num português misturado com suas línguas maternas, essas canções falavam do trabalho, de suas origens, dos patrões e de si mesmos, num ritmo monótono e constante, repetindo dezenas, centenas de vezes a mesma melodia.

O almoço era servido lá pelas dez horas da manhã. O cardápio constava de feijão, angu de milho, abóbora, farinha de mandioca, eventualmente toucinho ou partes desprezadas do porco – rabo, orelha, pé etc. – e frutas da estação como bananas, laranjas e goiabas. Embora houvesse interesse em se manter o negro saudável e apto para o trabalho, não havia a preocupação com sua longevidade. Em fazendas mais pobres, a comida com frequência se resumia ao feijão com gordura e um pouco de farinha de mandioca, o que acabava provocando seu definhamento precoce.

Qualquer que fosse a comida, era preparada em enormes panelas e servida em cuias nas quais os escravos enfiavam as mãos ou, mais raramente, colheres de pau. A refeição deveria ser feita rapidamente, para não se perder tempo, e de cócoras; os negros tinham que engolir tudo porque logo em seguida a faina continuava.

Por volta de uma hora da tarde, um café com rapadura era servido – substituído nos dias frios por cachaça – e às quatro horas jantava-se. Aí, comia-se o mesmo que no almoço, descansava-se alguns minutos e retomava-se o batente até escurecer.

Cumpria-se, então, o ritual da manhã, todos se apresentando ao administrador – ou dono, conforme o caso – da fazenda. Era quando, após uma breve oração, iniciava-se o serão que constava, geralmente, da produção ou beneficiamento de bens de consumo. Os escravos debulhavam e moíam o milho, preparavam a farinha de mandioca e o fubá, pilavam e torravam o café. Com frequência, cortavam lenha e selecionavam o café apanhado no período de colheita.

O escravo das fazendas de café tinha jornadas de trabalho extenuantes, de 15 a 18 horas diárias (*O transporte do café*, Debret).

Só lá pelas nove ou dez horas da noite é que o escravo podia se recolher. Isso para alguém que, no verão, levantava por volta das quatro horas da madrugada. Antes de se deitar, fazia uma refeição rápida e, extenuado, descansava até a jornada do dia seguinte. E ainda assim, documentos da época registram frequentes reclamações dos senhores com relação aos "negros preguiçosos"...

MORADIA e roupa

As senzalas – habitações coletivas dos negros escravos – eram construções bastante longas, sem janelas (ou com janelas gradeadas), dotadas de orifícios junto ao teto para efeito de ventilação e iluminação. Edificadas com paredes de pau a pique e cobertas de sapé, possuíam divisões internas e um mobiliário que se resumia a um estrado com esteiras – ou cobertores – e travesseiros em palha. Às vezes, e se era o caso, havia também um estrado para o escravo guardar seus pertences. Em algumas fazendas, nem as divisões internas eram efetuadas. Em outras, as senzalas eram menores. Em quase todas, os casais desfrutavam de uma situação especial, morando em pequenos barracos de pau a pique cobertos com folhas de bananeiras. Embora não houvesse empenho notável em "fazendas de reprodução" (como as que haviam nos Estados Unidos), constata-se a preocupação em se dar um mínimo de conforto aos casais para que eles reproduzissem força de trabalho para o senhor.

Os solteiros dormiam em casas separadas – homens e mulheres – e as crianças ficavam com as mães. É importante notar que, apesar de todos os inconvenientes registrados pela família dos senhores – ruído, odor, medo – a senzala era construída junto à casa-sede da fazenda. Afinal, por maiores inconvenientes que essa prática pudesse ter, não era nada comparada à preocupação que tinha o proprietário em zelar pelo seu patrimônio.

E o escravo era, frequentemente, o que de mais valioso o senhor "possuía".

No século XIX, as numerosas manufaturas de algodão espalhadas pelo país especificavam que sua produção não se destinava

As senzalas eram longas construções sem janelas ou com janelas gradeadas, O mobiliário se resumia a um estrado com esteiras – ou cobertores – e um travesseiro de palha (*Antes da partida da roça*, de Vitor Frond, 1861).

aos brancos e livres, porém aos negros escravos. Era um tecido grosso com o qual se costuravam calças, camisas e uma espécie de colete longo, destinados a proteger o escravo durante o ano inteiro. As mulheres, dependendo do trabalho realizado, usavam saia e blusa de chita ou cretone.

Havia uma diferença substancial na vestimenta de escravos urbanos e rurais e dentre estes, entre os que trabalhavam no campo e os escravos domésticos. Nos campos, principalmente no verão, os escravos eram cobertos por trapos que se deterioravam rapidamente pela ação do esforço realizado e das intempéries. Sol excessivo e chuva não eram, geralmente, motivos para a interrupção do trabalho. Já os escravos domésticos, escolhidos dentre os que eram considerados mais bonitos (pelos padrões estéticos dos proprietários brancos), recebiam roupas sempre limpas, inteiras e às vezes até luxuosas, como era o caso de certas mucamas.

Na cidade já não era possível deixar o escravo seminu. Mesmo assim, parece que os proprietários, por economia, tentavam fazer isso: são frequentes os registros a respeito de leis e portarias que tinham por função reprimir aquilo que era considerado abusivo e atentatório à moral e aos bons costumes. Escravo seminu podia dar multa ao patrão.

A representação que nos chega do negro escravo, particularmente aquele que trabalhava no campo, é a de um bruto selvagem. Mais ainda, ele nos é apresentado como uma figura primitiva, dominada pelo instinto. Sua figura, temível e atraente, povoa a imaginação dos "civilizados", fascinados por seu "estado natural". Esses estereótipos, que persistem até hoje em nossa sociedade, decorrem, na verdade, não de alguma característica do negro em si, mas do seu papel social e de sua aparência possível, ambos determinados pelo senhor branco...

LAZER e trabalho extra

Somados aos domingos, os numerosos feriados religiosos, provocavam um ano útil de 250 dias, pelo menos entre os donos de fazenda que cumpriam as determinações católicas à risca.

O vestuário simples dos escravos no campo. Manufaturas de algodão destinavam sua produção de tecido grosso aos negros escravos (*Negro e negra numa fazenda*, Rugendas).

Isto criava um duplo problema: a interrupção de atividades fundamentais para a dinâmica da unidade produtiva e a preocupação com o que poderiam "aprontar" os negros utilizando-se do lazer.

Alguns fazendeiros, simplesmente, não davam a menor atenção aos dias santificados e mesmo nos domingos exigiam que seus escravos consertassem estradas, cercas e construções, destruíssem formigueiros ou realizassem pequenas tarefas que acabavam por lhes consumir toda a manhã.

Era comum a cessão de pequenos lotes que, embora pertencentes aos proprietários, podiam ser cultivados pelos escravos que tinham então uma fonte de ganho. Nesses pequenos lotes – uns quinhentos metros quadrados –, os negros plantavam produtos de subsistência que consumiam para complementar suas refeições, ou mesmo vendê-los. É difícil acreditar que esta atividade tenha, de fato, suavizado o cativeiro ou desenvolvido, no escravo, o senso de propriedade e responsabilidade como pretendiam os proprietários. Constituíram-se, antes, em formas adicionais de exploração do braço escravo. Na verdade, se o escravo consumia sua produção, economizava a alimentação cuja responsabilidade, dentro das relações escravistas de trabalho, deveria caber ao senhor. Se vendia sua produção, o máximo que conseguia era adquirir uma roupa de domingo, quando não gastava tudo em cachaça ou fumo. As raríssimas exceções registradas por alguns historiadores apenas confirmam a regra: é impossível generalizar a partir delas.

Nas fazendas que respeitavam os domingos com mais rigor, o trabalho feito pelos escravos nesses dias era remunerado. A documentação consultada sobre pagamentos a escravos fala de cem a duzentos réis, no máximo para esse trabalho, por dia.

Seria ilusório imaginar-se que com esse valor o escravo pudesse fazer alguma coisa de mais substanciosa. Mas, como há os que acham que esse pagamento constituía um severo rompimento das relações escravistas de produção, vamos fazer umas continhas: suponhamos que um determinado escravo trabalhe todos os domingos do ano (são 52) durante vinte anos. Teríamos um total de 1.040 jornadas de trabalho. Imaginemos que ele ganhasse o máximo que se pagava, duzentos réis por jornada. Multiplicando-se por

Para tudo enfim servia o escravo: embarcação rebocada por um nadador (Debret, 1823).

1.040 jornadas chegaríamos à cifra de 208 mil réis. Na prática, isso seria inviável. Primeiramente, porque acrescentaria ao exaustivo trabalho semanal uma jornada extra dominical que transformaria o escravo numa máquina ininterrupta, sem descanso, que muito dificilmente viveria vinte anos nesse regime. Depois, porque exigiria uma disciplina acumulativa que o escravo – sujeito à atração das roupas, bugigangas, fumo e cachaça, que os negociantes levavam até as fazendas ou suas proximidades – não podia ter. Mesmo que (e agora a argumentação é por absurdo) tivesse forças para dar conta da jornada de trabalho e condições para ficar vinte anos sem adquirir absolutamente nada, acabaria não podendo comprar a sua liberdade. Um escravo produtivo e forte na grande lavoura cafeeira valia cerca de um conto de réis, cinco vezes os improváveis duzentos e oito mil réis que pudesse chegar a acumular.

Mas não havia casos de escravos que conseguiam comprar sua liberdade? Sim, mas isso ocorria quando já estavam mais velhos – imprestáveis para o serviço produtivo – ou apresentavam doença incurável, ou ainda portavam "defeitos" como cegueira e lesões no corpo, geralmente acidentes de trabalho que os impediam de desenvolver normalmente suas atividades produtivas. Exceções são muito pontuais e pouco representativas.

No caso de portadores dos "defeitos" acima assinalados deve-se observar que o fator determinante da compra de sua liberdade não era o trabalho extra e remunerado realizado pelo escravo, nem o montante de dinheiro obtido pelo patrão na transação, mas simplesmente o fato de o escravo já não se prestar devidamente para o trabalho.

A ideia bizarra do rompimento da estrutura escravista pelo pagamento do trabalho realizado não procede porque não poderia transformar – como de fato não transformou – o escravo em camponês ou trabalhador livre. A escravidão não terminou assim.

RELIGIÃO, sexo e família

Já vimos que a religião funcionava como justificativa última da escravidão, na medida em que tudo o que acontecia com o escravo

Levado, com frequência, a abandonar sua religião de origem, o escravo foi incorporado nos rituais religiosos católicos nos quais lhe era pregado que devia se conformar com sua condição (Debret).

seria para o seu bem, para a salvação de sua alma. Mas era importante que também o escravo fosse cristão: abandonando sua religião de origem ele perderia um importante referencial de sua vida como homem livre e adotando o catolicismo teria como se conformar com sua condição. Assim, o escravo não *apenas podia* ser católico: ele *tinha* que sê-lo.

Para se compreender o funcionamento desse mecanismo perverso, é importante dar-se conta das mudanças ocorridas no interior do catolicismo no período que vai do seu surgimento até o final da Idade Média e início da Idade Moderna. De fato, de religião marginal, torna-se ideologia dominante. Em vez de pregadores magros e humildes, geralmente hostilizados pelo poder, ostenta prelados arrogantes e obesos, aliados dos poderosos, quando não partícipes do próprio poder. Seus seguidores já não são mais torturados, mas alguns deles torturam, em nome de Deus. Já não se pratica muito o "todos os homens são iguais perante Deus" e sim o "a César o que é de César, a Deus o que é de Deus". A religião, no período da escravatura, deveria ser um freio para os revoltados, um consolo para os desanimados, uma esperança para os desgraçados, um alento para os fracos, como se dizia na época.

O senhor deveria ser entendido como um pai, severo e duro, temido e respeitado, que tudo fazia para o bem dos seus filhos. Há algum tempo foi projetado em São Paulo um excelente filme cubano, *A última ceia*, que caracteriza muito bem o tipo de relação que o senhor desejava ter com seus escravos, por meio da mediação religiosa. Tanto em Cuba, como no Brasil, a par da exploração material, acenava-se com a igualdade espiritual; conviviam *o fato* da miséria terrena e *o ideal* do paraíso celeste; argumentava-se com o infinito àqueles que só enxergavam suas cadeias; acenava-se com um assento à mesa de Deus aos miseráveis que engoliam sua comida nojenta de cócoras; falava-se de plenitude aos carentes, de calor aos que tinham frio, de alegria aos tristes, de alívio aos sofridos.

Tudo isso, porém, só poderiam obter se cumprissem o seu dever. Porque a virtude do homem – dizia a religião para o escravo – estava em trabalhar duro para o seu sustento; em conformar-se e se manter manso (Cristo não o fora?); em submeter-se à ordem vigente, em

A religião, no período da escravatura, deveria ser um freio para os revoltosos, um consolo para os desanimados, uma esperança para os desgraçados, um alento para os fracos, como se dizia na época (*Coleta de esmolas para a Igreja do Rosário*, Debret).

respeitar o senhor e em arrepender-se das faltas – mesmo pequenas – que eventualmente cometesse.

O escravo era batizado logo que chegava ao seu local de trabalho – fazenda ou cidade – recebendo um nome "cristão". Devia esquecer a forma pela qual era chamado no seu lugar de origem. A atribuição de um novo nome e o batismo representavam a transformação do cativo em escravo, isto é, o início do trabalho compulsório. Assim, era de se esperar uma identificação feita pelo escravo, entre o poder e a religião. Isto, de fato, ocorria, uma vez que a documentação demonstra que, em muitos casos de revolta, os negros atacavam os símbolos da religião, como imagens, crucifixos e os próprios padres se ousassem ficar por perto.

A religião, ensinando a mansidão e o conformismo, não se afinava com os movimentos de revolta em qualquer nível, ativos e passivos.

Por outro lado, não se pode negar que a grande massa de escravos ia se adaptando, tanto à sua condição quanto à religião. As formas de repressão desenvolvidas pelos senhores tinham por objetivo exatamente desestimular qualquer tipo de revolta ou reação contra si. A contrapartida oferecida – o consolo da religião – acabava sendo aceita pela maior parte dos escravos. (Há exceções notáveis aqui, entre as quais a importante revolta dos malês, ocorrida na Bahia, assim como o candomblé e a capoeira como formas de resistência.)

No decorrer dos anos, o catolicismo imposto aos escravos vai sofrer alterações significativas, digerido tanto pela cultura trazida por eles da África, quanto pela prática social no Brasil. O chamado sincretismo religioso é uma das formas que distinguem a religião dos escravos daquela dos senhores. Contudo, a legitimação social do catolicismo dos senhores continuava sendo uma eficiente forma de controle social; e valores como conformismo, resignação e trabalho duro, formas de se chegar ao paraíso celeste, marcavam de maneira indelével a vida cotidiana do escravo brasileiro.

Por outro lado, valores morais apregoados pela religião eram sabidamente desobedecidos pelos senhores. Com toda a propalada preocupação em manter unida a família, o escravismo foi um elemento profundamente desagregador de uniões permanentes.

Distante da imagem de mansidão e conformismo que costumavam lhe atribuir, o negro resistiu e revoltou-se contra sua condição de escravo (*Jogo de capoeira*, Rugendas).

Primeiramente porque separava, sem a menor cerimônia, casais que porventura viessem unidos da África. Depois, porque a desproporção entre homens e mulheres trazidos não era de molde a propiciar ligações permanentes. Na verdade, as condições de vida nas senzalas e a existência de uma mulher para quatro ou cinco homens estimulava o caráter transitório das ligações.

Somente quando cessou o tráfico oficial é que a proporção de mulheres iria crescer, quando o contingente de nascidos aqui se tornou preponderante.

Conscientes do problema que representava a presença de muitos homens sem mulher, os senhores, na prática, estimulavam uniões transitórias, realizadas, frequentemente, apenas com o seu beneplácito, sem as bênçãos da religião – que, aliás, fechava os olhos para o fato. Mais comum ainda era a escrava ter filhos de vários homens, sem mesmo se envolver em ligações transitórias oficializadas pelo senhor.

Quando, excepcionalmente, a cerimônia religiosa ocorria, os sacramentos eram cumpridos pelo padre como formalidade desagradável e não como ato de fé. Considerava-se o ato como um luxo e não como decorrência da formação religiosa ministrada aos negros desde a infância.

Não se levam em consideração esses elementos quando, com enorme carga de preconceito, pretende-se atribuir aos negros características como leviandade nas relações pessoais e promiscuidade sexual. Na verdade, isso não tem, evidentemente, nenhum fundamento biológico, ou mesmo social: era fruto do constrangimento a que eram submetidos, à sua condição.

Mesmo porque os senhores se utilizavam da situação para dar vazão à sua atividade sexual geralmente bastante reprimida em casa. Com efeito, o papel da esposa branca e legítima era apenas o de dar filhos ao seu marido, o maior número possível deles. Limitada em seus movimentos às fronteiras da residência do casal, pouco fazia. Desde menina tinha um bando de negrinhas a segui-la, atentas às suas ordens. Não se abaixava para levantar um lenço do chão, crescia balofa e vadia. Casava-se cedo, cedo começava a procriar. Evitava o "terrível" pecado original do prazer nas relações sexuais: na verdade, isso lhe era implicitamente vedado. Tinha como modelo a própria

Ao cessar o tráfico oficial, durante o qual a preferência era por escravos homens, a proporção de mulheres cresceu (*Negra carregando o filho*, Agassiz).

mãe de Deus, Maria, e supunha-se que deveria chegar perto de Maria como mulher virtuosa. Engordava após o parto e dificilmente voltava às curvas originais – com vinte anos já era uma matrona.

Não é difícil agora, numa época de menor repressão sexual imaginar a frustração dessas verdadeiras matrizes, utilizadas para procriar sem prazer. Levantou-se até a hipótese de essas sinhás terem o hábito de compensar suas carências afetivas e seu sexo reprimido com suas próprias criadas, mas não há comprovação histórica disso.

Quanto ao senhor, contudo, não há dúvidas. Cumpria com sua mulher branca as obrigações de reprodutor e marido, mas voltava-se às escravas para o prazer sexual. Entregava-se às negras e mulatas com todo o empenho, buscando usufruir delas a satisfação que não encontrava em sua formal cama de casado. O mito de mulheres quentes, atribuído, até hoje, às negras e mulatas pela tradição oral, decorre do papel que lhes era designado pela sociedade escravista. O historiador José Alípio Goulart recolheu, numa de suas obras, duas quadrinhas populares que consagram o caráter de objeto sexual dado às escravas bonitas:

> Preta bonita é veneno,
> Mata tudo que é vivente;
> Embriaga a criatura,
> Tira a vergonha da gente.
>
> Mulata é doce de coco,
> Não se come sem canela.
> Camarada de bom gosto,
> Não pode passar sem ela.

Por seu turno, para as escravas, uma relação com o patrão poderia reverter em vantagens dentro da sua condição. Sabe-se de violências sexuais atrozes praticadas por senhores e feitores contra as negras escravas. A literatura e até filmes e novelas de televisão têm mostrado mais esse ângulo cruel da escravidão. Mas não se pode negar que, diante da possibilidade de melhorar de condição – talvez a única em toda vida – e vislumbrando também a possibilidade de ter um filho livre, a escrava acabasse cedendo ou, até mesmo, seduzindo o seu senhor. Ela sabia que quanto melhor fosse o seu desempenho sexual, mais oportunidades ela teria de prender o senhor, de reverter e até inverter a relação de poder, num ato que era também uma forma de vingança contra a sinhá e expectativa de tratamento privilegiado. Se conseguisse engravidar, via perspectivas de seu filho vir a ser libertado e incluído como agregado à grande família do senhor.

Vingança contra as sinhás, esperança de tratamento privilegiado, expectativa de manumissão (libertação) para o filho: nem sempre essas expectativas se realizavam.

Às vezes – e muitas – a vingança saía pela culatra. Ofendida em seu amor próprio, a senhora utilizava-se de sua posição e torturava cruelmente a escrava, a ladra de seu homem. Assim morreram muitas jovens escravas, algumas das quais nem sequer quiseram dormir com o patrão, mas viram-se constrangidas a concordar com uma relação que, na sua condição de propriedade alheia, dificilmente conseguia evitar.

De qualquer forma, os documentos registram numerosos testemunhos das incursões que os senhores faziam às suas senzalas, com ou sem o consentimento das sinhás, com ou sem a aprovação das escravas: a multidão de mulatos, filhos de negras retintas; o grande número de agregados que aparecem nas famílias, sem papel definido, mas geralmente exercendo funções de confiança do senhor, e às vezes sendo por eles lembrados nos testamentos; e manumissões, de outras formas inexplicáveis, provavelmente fruto de promessas feitas durante o ato do amor com a mãe do libertado.

A partir de meados do século XIX, a propaganda abolicionista iria revelar vários aspectos da promiscuidade sexual, usando-a como argumento contrário à escravidão, acrescentando, já agora com o apoio de certos setores "progressistas" da Igreja, que ela "corrompia a família brasileira". Só então a legislação tratou de evitar a separação entre cônjuges, de estimular a união duradoura, de impedir a venda de filhos menores de 15 anos, entre outras medidas. Tentou-se, mas não se conseguiu, incluir um item relativo à libertação das escravas que tivessem tido um filho do senhor. Alforriar a negra seria confessar a imoralidade, o que a hipocrisia das relações sociais não admitia.

Já bem para o período final do escravismo vieram à tona situações aparentemente incríveis, como o da escrava que solicitava em juízo sua liberdade, *alegando ser mãe do réu*, seu proprietário. Sim, pois o senhor legitimou o filho natural, transformando-o em seu herdeiro e não alforriou a escrava com quem tivera a criança.

Mais comum eram filhos de senhores ou meios-irmãos de senhores que continuavam escravos.

Como se vê, as relações inter-raciais eram muito complexas, não se reduzindo à já caricata presença da matronal mãe preta: produtora de leite sempre à mão e anjo de guarda das traquinagens dos garotos brancos.

Como consequência da relação senhor/escrava, ou por meio de ligações que ocorreram e ainda ocorrem entre negros e brancos livres, a miscigenação racial tem sido muito intensa no Brasil. Isso é visível quando se observa a frequência com que traços brancos são encontrados em famílias negras (um dos filhos com pele mais clara, ou nariz afilado ou cabelo liso – cabelo "bom" como se diz no interior – ou os famosos olhos verdes da mulata); por outro lado, é difícil encontrar no povo – não nos referimos, é claro, aos recém-imigrados – e mesmo nas classes dominantes, uma geração que não tenha alguém que apresente um cabelo "ruim" – encarapinhado – traços largos, boca carnuda ou mesmo um tom de moreno mais escuro.

Em São Paulo, a mistura racial é muito profunda nas classes dominantes tradicionais e a presença de traços negros bastante comum na burguesia do café, contrastando com os imigrantes. Um importante historiador paulista, Caio Prado Júnior, costumava afirmar, em tom de blague, que se os brancos mandaram nos negros até a abolição, os negros mandavam nos brancos após 1888, em São Paulo.

Trata-se, é claro, apenas de frase de efeito. Na verdade, as classes dominantes nunca assumiram sua eventual negritude e a cor da pele sempre teve um caráter ideológico que superava a simples aparência. A escravidão ainda está presente em nossas relações cotidianas e, embora tenhamos avançado bastante, ainda há uma identificação entre negro e escravo e, portanto, com condição de inferioridade social (a propósito sugerimos a leitura de *12 faces do preconceito*, livro publicado pela Contexto).

Cenas da vida cotidiana no início do século XIX

(Debret)

(Guillobel, 1812)

REPRESSÃO

Tolhido em suas liberdades mínimas, o negro deveria receber um bom tratamento por parte de seus senhores, uma vez que a ninguém interessava dilapidar o patrimônio, impedindo o escravo de realizar suas tarefas. A legislação, antes portuguesa, depois imperial, teve sempre presente a preocupação de "evitar excessos". Já em 1688, o rei de Portugal recomendava que "se perguntem pelos senhores que com crueldade castigam seus escravos" uma vez que desejava evitar "que os pobres escravos sobre lhes faltar a liberdade, ainda fossem maltratados pelos seus senhores". Para viabilizar sua recomendação, o rei português autorizava denúncias de religiosos contra crueldades no trato dos negros e até mesmo reclamações dos próprios negros.

Leis, portarias e recomendações – no sentido de os castigos aos escravos não serem desproporcionais às irregularidades por eles cometidas – sucederam-se nos séculos subsequentes. Todas elas devidamente... desobedecidas.

O fato é que para o proprietário os escravos eram vistos antes como propriedade do que como seres humanos. Dessa forma, achavam-se no direito de descumprir leis que considerassem atentatórias à sua condição de donos; não reconheciam na Coroa portuguesa autoridade para limitar aquilo que consideravam seus direitos: propriedade absoluta sobre o escravo, condições de vendê-lo, trocá-lo ou até libertá-lo e, principalmente, de puni-lo até a morte, se não estivesse rendendo tudo aquilo que dele era esperado.

Dessa forma, pode-se dizer que havia um choque de concepções. De um lado, o interesse do sistema escravista, como um todo, que procurava estabelecer regras para a relação senhor/escravo, no sentido de preservar a força de trabalho. De outro, o senhor concreto, que não admitia limitações ao seu direito de proprietário. De uma forma ou de outra, contudo, não se questionava a própria perversidade da relação escravista: o direito de um homem ter tanto poder sobre o outro.

Quando a força do direito – no caso, a legislação – se identifica com o direito da força – no caso, a repressão – temos um

O capitão do mato, responsável pela captura do escravo fugido, desempenhava papel relevante para a manutenção do sistema escravista (Rugendas).

processo de violência institucionalizada. No sistema escravista era permitida aos proprietários uma série de práticas de coação física para fazer com que o escravo "cumprisse a sua obrigação". Como dissemos, os abusos eram frequentes. Mas não é demais insistir que mesmo as práticas repressivas autorizadas por lei constituíam-se em violências sem nome.

Na verdade, nunca existiu no Brasil algo como um "Código Negro" que regulasse a aplicação de castigos, estabelecendo os limites a determinadas violações e atribuindo penas a seus praticantes. A legislação foi sempre genérica, buscando apenas coibir os "excessos" sem caracterizá-los devidamente, permitindo que o estabelecimento do limite entre o permitido e o "excesso" ficasse a critério dos próprios senhores ou, quando muito, de juízes venais e dependentes dos eventuais réus. Se até hoje, em nosso país, é difícil um poderoso ir para a cadeia – isso com a imprensa denunciando, democracia formal e cidadãos atentos imagine-se durante a escravidão...

É claro que a simples existência de um "Código Negro" – como ocorria em muitas outras partes da América – não seria suficiente para aliviar muito a sorte dos negros; em qualquer legislação, a relação entre a importância do crime lesa-escravo e a pena imposta ao senhor tendia de forma significativa em favor... do mais forte. O código de Martinica, por exemplo, punia com o pagamento de duas libras ao senhor que cortasse o punho do escravo; cinco, por decepar as orelhas; seis por extirpar a língua e trinta por enforcar o negro. Se o senhor quisesse se permitir o requinte de queimar vivo seu escravo, bastava pagar sessenta libras pelo direito da macabra diversão.

Desprotegido, longe de sua terra de origem ou já nascido cativo, o negro ficava sujeito às explosões de gênio de feitores e senhores, às taras e ao sadismo, além de terem qualquer ato de protesto reprimido com violência.

Se a violência institucionalizada não existisse mais, nem existissem opressores e oprimidos, ou (no dizer irônico dos críticos da falsa democracia) "iguais e mais iguais", talvez não valesse a pena se preocupar tanto com a repressão e os castigos a que eram submetidos os escravos. Mas, se a História busca no passado a compreensão do presente para iluminar o futuro – e

Uma das punições mais habituais era a palmatória registrada aqui numa ilustração de Debret.

é esse o sentido do seu estudo – temos que procurar as raízes do autoritarismo e da violência dos fortes nas próprias práticas repressivas que marcaram o período escravista.

Ainda há autores que insistem em mostrar um país que privilegia o caráter cordial que sempre teria caracterizado as relações entre os brasileiros. Aqui tudo teria sido diferente – e mais pacífico. A independência ocorreu quando um membro da própria família real se deu conta de que ela era necessária: sem sangue. A abolição foi decretada pelas mimosas mãos de uma suave princesa: também sem sangue. A República foi proclamada durante um pacífico passeio de um militar e sua comitiva pelas ruas do Rio, outra vez sem sangue. E mesmo as rebeliões e quarteladas teriam ocorrido em nosso abençoado país sem violência alguma...

Além de ser mentirosa (todos sabemos que a ditadura militar usou da tortura institucional como instrumento de repressão) essa visão da nossa História esquece deliberadamente a violência do dia a dia, a fome, a falta de condições de higiene e de moradia, a obrigação do trabalho sem lazer a que é submetida a maior parte da população. Vendendo a imagem do brasileiro pacífico, procura desautorizar eventuais manifestações dos oprimidos contra o atual estado de coisas, sob a alegação de que não seria uma atitude brasileira. Assim, a violência institucionalizada – a repressão – acaba sendo justificada em nome da luta contra a violência popular. Noutras palavras, o povo, submetido à violência cotidiana, não pode reagir, pois isso não seria uma tradição nacional, uma vez que, historicamente, teríamos uma tradição de não violência.

Cabe-nos, pois, denunciar as diferentes modalidades de violência a que eram submetidos os negros durante a escravidão. Algumas já vimos no decorrer deste livro. Agora vamos estudar as formas pelas quais os negros eram castigados.

Correntes, gargalheira, tronco, algemas, peia, máscara, anjinho, bacalhau, palmatória, golilha, ferro para marcar figuram em listas de castigos aplicados a escravos e que foram classificados pelo antropólogo Artur Ramos em instrumentos de suplício e instrumentos de aviltamento. Vamos descrever aqui alguns deles.

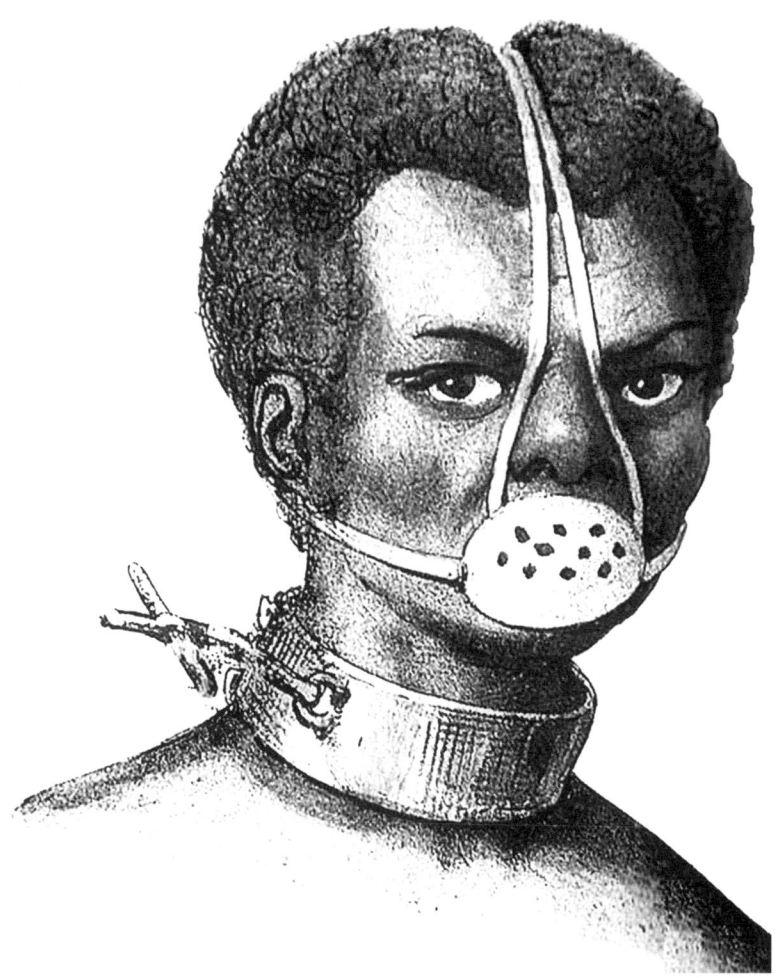

Os escravos propensos à embriaguês eram obrigados a portar máscaras de flandres. Tal castigo era também comum nas regiões mineradoras onde os negros ingeriam pedras preciosas para depois recuperá-las e vendê-las (*Máscara de flandres*, Arago).

A MÁSCARA de flandres

Confeccionada em metal flexível – zinco ou folha de flandres – a máscara cobria todo o rosto à exceção do nariz e dos olhos que eram liberados por pequenos furos. Seu objetivo era impedir a ingestão de alimentos ou bebidas por parte do escravo. Na zona aurífera foram constatados casos de colocação da máscara em negros para impedir que engolissem alguma pedra preciosa ou pepita de ouro que depois, por meios naturais, pudessem recuperar e vender por conta própria.

Além do incômodo e da dor, a máscara era fonte de ridículo para os infelizes que a ela eram submetidos, razão pela qual era utilizada quando se queria humilhar alguém.

O pretexto que os senhores usavam para aplicar a máscara aos escravos quase sempre era a bebida. De fato, o consumo de cachaça entre a escravaria – como, aliás, entre os livres e os próprios senhores – era generalizado e independia de sexo e idade. Vimos que a pinga funcionava quase como complementação alimentar, graças a seu alto índice de calorias. Sabemos ainda que o hábito da bebida funcionava duplamente, como forma de o escravo tentar esquecer sua sorte e como forma de o senhor ver o escravo prostrado fora do horário de serviço, de forma a não lhe criar maiores problemas. O que não podia era embebedar-se a ponto de atrapalhar a produção, a carpa, o plantio ou a colheita. Aí o escravo era castigado e, no limite, vendido.

José Alípio Goulart nos recorda uma quadrinha popular que, com certo humor e alguma ironia, retrata a preocupação acima descrita:

> Todo branco, quando morre
> Jesus Cristo é quem levou.
> Mas o negro quando morre
> Foi a cachaça que matou...

Mais uma vez a condição a que o negro foi submetido e os hábitos adquiridos a partir disso aparecem como vícios inatos ou característicos da raça.

A máscara de flandres impedia a ingestão de alimentos ou bebidas. Observe-se o estado da roupa do escravo (Debret).

O CHICOTE

O castigo mais frequente era o de açoites. De tão comum, sua aplicação pelo feitor tornou-se frequentemente a representação deste empunhando um chicote. Antonil já lembrava que era comum em sua época (século XVII) dizer-se que para o negro são necessários três pês: pão, pano e pau (comida, roupa e castigo). O castigo era banalizado pela sua constância havendo surras públicas e programadas; a vantagem deste castigo era ser muito prático, podendo ser improvisado a qualquer momento, já que, para funcionar, bastava uma simples vara de marmelo – ou outra madeira flexível – e o lombo de um negro.

Há casos em que os próprios proprietários aplicavam o castigo, às vezes, sem nenhuma razão. O escravo novo, mal acabado de chegar, já levava uma surra de relho "para não se meter a besta", isto é, para se manter em sua condição de escravo. Noutros casos, o castigo era sistemático, violentíssimo e desmoralizador. O negro, após sessões contínuas de tortura, deveria engolir o seu orgulho e evitar qualquer manifestação de rebeldia ou independência.

Apesar de a documentação ser muito falha a esse respeito, há registros de feitores ou senhores que "se excederam" nos castigos, matando seus supliciados, naquilo que nos dias de hoje recebeu a irônica denominação de "acidente de trabalho". Para evitar a "paixão" dos algozes improvisados, o governo organizou a tortura.

No Rio de Janeiro, por exemplo, os açoites eram aplicados entre nove e dez horas da manhã. A cerimônia, anunciada com antecedência, provocava um ajuntamento de povo que via os infelizes, acorrentados, chegarem, em fila de dois, escoltados pelos soldados, até uma praça central. No pelourinho – uma maciça e grande pedra, ou um tronco de madeira, com duas argolas laterais – o negro era amarrado e supliciado. O povo escolhia o lugar predileto para assistir à bárbara cena: ficando atrás da vítima podia observar melhor os estragos feitos pelo látego, mas ficando de frente, podia presenciar com mais acuidade as expressões de dor a cada açoite. Debret lembra que havia carrascos que por sua habilidade atraíam um público maior que outros!

As cenas de suplício que o escravo era barbaramente chicoteado constituíam-se em atrativos para a população (*Castigo público na praça de Santana*, Rugendas).

Terminado o suplício do primeiro, vinha o segundo e assim por diante até o último, sabendo todos que nada ou ninguém impediria sua tortura, referendada e mesmo aplicada em nome da lei.

Como se vê, o problema não decorria de uma eventual violência, perpetrada por um ou outro senhor mais sádico, mas naquilo que denominamos violência institucionalizada. Eram relações aceitas como corretas, era tortura prevista em lei. Onde, pois, o caráter cordial do brasileiro?

O CALABOUÇO

Na verdade, havia senhores que não queriam sujar suas mãos nem sequer assistir a torturas executadas por seus prepostos. Para esses casos – e para alguns outros – havia cidades que tinham a instituição do calabouço, para onde o escravo era levado e, por determinação de seu dono, recebia castigos. O algoz costumava aplicar cem açoites ao escravo para fazer jus ao "direito de pataca", moeda que lhe era dada pelo dono do escravo castigado.

Simples desobediências, atitudes consideradas afrontosas ou mesmo ataque de ciúmes de sinhás mal-amadas (como vimos em capítulo anterior), podiam também levar escravos e escravas para uma permanência nesses calabouços.

Nem há necessidade de se falar muito sobre as condições de vida nessas fétidas cadeias. Para se imaginar, basta fazer uma síntese entre as prisões atuais e a escravidão como sistema social. O homem livre, privado temporariamente de sua liberdade, já é tratado como bicho. Imagine-se o escravo! Não são ocasionais os dados – como os de 1870 – que falam de dez escravos mortos no calabouço do Rio de Janeiro.

É importante lembrar que o calabouço não era uma prisão no sentido de local de recolhimento de homens julgados e condenados. Bastava a vontade do dono para enviar um escravo ao calabouço e mantê-lo o tempo que julgasse necessário.

A tal ponto essa vontade – estimulada pelas relações que o sistema escravista proporcionava – era arbitrária, que certos

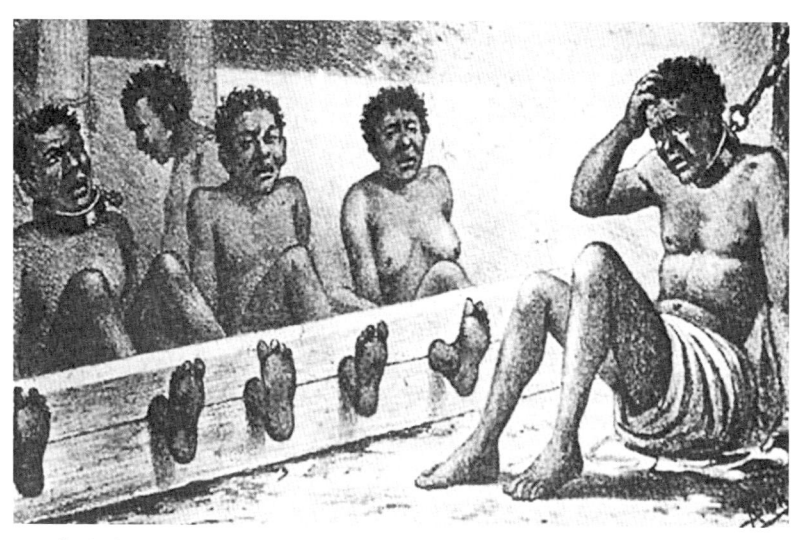

No final do século XIX, desenvolveu-se uma forte consciência antiescravista em importantes setores da população. Jornais e revistas mostravam, denunciando os castigos desumanos a que escravos ainda eram submetidos (Agostini, *Revista Ilustrada*, 1888).

administradores públicos tentaram estabelecer limites a ela. É o caso de Feijó, que, em 1831, estabelecia que nenhum escravo ficasse no calabouço por mais de trinta dias. Essa lei, contudo, como tantas outras, "não pegou". Em 1871, o prazo era ampliado para seis meses. Ao que indicam documentos posteriores, nem sequer esse prazo era observado, ficando mesmo o escravo no calabouço, ou nele morrendo – a juízo de seu senhor.

PENA de morte

Certos crimes eram castigados com a pena de morte. Tivemos a oportunidade de estudar documentos que se referem a escravos enforcados por terem assassinado seus senhores, feitores ou familiares ou mesmo por terem ferido seus donos. Em 1838, as estatísticas oficiais apontam 22 negros executados no Brasil. Esses dados, contudo, além de provavelmente não representarem a totalidade dos negros enforcados legalmente (os dados são seguramente incompletos), não computam o enorme número de negros seviciados e mortos pelos próprios patrões, feitores ou pela polícia. Não devemos esquecer que nem sempre havia a preocupação com formalidades quando se tratava de matar um negro.

De resto, a situação jurídica do negro era de todo diversa. Sua sentença era executada sem direito de recurso ao imperador que, como poder moderador, tinha o direito de perdoar ou moderar as sentenças. No caso de escravos, já que estes não se faziam "dignos da Minha Real Clemência" no dizer do próprio imperador, eram sumariamente executados.

Só no decorrer do século XIX, no bojo de alterações substanciais no sistema escravista como um todo, começou a se desenvolver um movimento contra a pena de morte. A consciência da população contra o enforcamento institucionalizado de negros coincide com as leis de 1850 que impediam a importação de escravos. Dessa forma, a carência de braços provoca a transformação da pena de morte em prisão perpétua com trabalhos forçados.

Muitos negros continuavam sendo mortos pelos próprios senhores, com a conivência explícita ou implícita das autoridades.

Quando o escravo era considerado fujão contumaz, acabava sendo morto após a captura, tendo sua cabeça decepada e exibida para servir de exemplo. Os documentos relatam inúmeros casos de escravos assassinados a tiros, torturados ou mesmo "suicidados" (a moda é antiga!). J. A. Goulart narra dois casos em que padres fazem matar suas amantes, escravas, uma delas assassinada com a utilização de um pau que, introduzido pelo ânus, atravessou a infeliz mulher (Paraíba, 1801).

As descrições dos crimes registrados – e são poucas, com certeza, já que havia preocupação em não documentá-los – dão-nos uma ideia de quão bárbaros podiam ser os senhores no seu poder sem limites sobre outros seres humanos: negros mortos a chicotadas; criança assassinada a garfadas (Maranhão, 1878) por uma mulher que desconfiava ser ela filho de seu marido com uma escrava; um senhor, em Lorena, que assassinou 15 escravos; outro que amarrou seu escravo no chão e o matou lentamente com suas botas e esporas (São Paulo, 1863); negros atirados às fornalhas dos engenhos e queimados vivos. Não havia limites para a crueldade que, seria bom insistir, não decorre apenas das personalidades doentias de alguns senhores – o que poderia pressupor a bondade como norma e a maldade como exceção –, mas do próprio caráter das relações escravistas, da perversidade inerente ao sistema escravista como tal, do próprio poder sem limites (ou quase) que um homem tinha sobre outro.

O castigo era a forma pela qual a sociedade se defendia do negro marginal, daquele que não cumpria suas tarefas. Certos excessos nas punições não passavam de aberrações desculpáveis e justificadas pela negação do negro em cumprir a sua tarefa na divisão social do trabalho.

Nesse tipo de sociedade não há espaço para a cordialidade espontânea. A violência é que permeia todas as relações e se explicita na própria forma pela qual os senhores extraem a força de trabalho dos seus escravos. Por isso a violência é institucional e permanente e se situa antes, durante e após a aplicação de castigos eventuais. Noutras palavras, o castigo é uma mais-violência, uma sobre-violência, já que a violência é a própria relação que a sociedade escravista proporciona.

Dentro desse raciocínio, as aberrações e os chamados excessos serão uma sobre-sobre-violência. O fato de só alguns casos doentios serem condenados pela sociedade nos dá a medida de como a população aprendeu a conviver com a violência institucionalizada (as relações escravistas) e a própria mais-violência (os castigos "necessários").

Mesmo assim, humilhados e submetidos, agredidos e reduzidos a simples peça na complexa engrenagem da grande lavoura, muitos escravos lutaram contra sua condição, em momentos de silencioso ou altissonante heroísmo.

REAÇÃO dos escravos

"O índio não se acostumava com o cativeiro, seu espírito de liberdade não era compatível com a escravidão." É assim que muitos manuais de História "explicavam" o início do tráfico negreiro. Além de incorreta do ponto de vista factual – como já vimos em capítulo anterior – a explicação nos induz a acreditar que, ao contrário do índio, o negro se acostumava com o cativeiro, porque sua ausência de espírito de liberdade seria compatível com a escravidão.

As raízes dessa ideia esdrúxula, do índio amante da liberdade e do negro conformado com a escravidão podem ser encontradas em Varnhagen, na historiografia; em Gonçalves Dias na poesia; e em José de Alencar no romance; por trás da transformação do índio no herói amante da liberdade e do "negro submisso" em mancha da História, está a própria ideia da concepção do Estado Nacional burguês, da constituição da "raça brasileira" e, portanto, da descoberta de marcos heroicos reais ou elaborados em nosso passado idílico.

Por outro lado, existia a preocupação em negar tudo que não fosse "heroico" em nosso passado histórico. Daí chegar-se ao limite de negar, não a escravidão como sistema superado e injusto, mas o próprio negro por sua pretensa passividade perante o cativeiro.

Ora, se o negro não se revoltou é porque ele teria se ajustado à sua condição de escravo, é o raciocínio implícito na obra dos autores citados.

Essa visão não é inconsequente, não é gratuita.

Aceitando-se a ideia da adequação do negro à escravidão, teríamos absolvido as nossas manchas ocasionais por termos mantido tal sistema social, uma vez que, dentro desse tortuoso raciocínio, teríamos apenas mantido o negro em sua condição "natural". Claro, pois sua adequação ao trabalho era algo "natural" para ele.

O fato é que o negro não tinha "jeito" ou "espírito" de escravo. Aliás, ninguém tem. O próprio do ser humano é a liberdade, e não a escravidão; de todo e qualquer ser humano, qualquer que seja sua cor, idade, religião, sexo, classe social ou convicção política.

Para provar isso, no que se refere aos escravos, vamos descrever algumas das manifestações de inconformismo dos escravos relativamente à sua situação. Em seguida faremos uma rápida discussão do sentido dessas manifestações.

Havia negros que, mesmo sabendo serem poucas as chances de permanecerem muito tempo em liberdade, lutavam até o fim contra o cativeiro. Veja-se este anúncio publicado no *O Velho Brado do Amazonas*, de 23/5/1852 que se refere a um escravo bastante maltratado e várias vezes evadido:

> Fugiu ao Cirurgião-mor Francisco de Paula Cavalcanti de Albuquerque o seu escravo mulato de nome Florentino, de idade de vinte a 22 anos, com os seguintes sinais: mulato um pouco escuro, cabelos crespos e ruivos nas pontas, os dentes da frente podres, ambas as orelhas foram furadas dias antes da sua fuga, o que deve apresentar vestígios, caso se tenha tapado, tem marcas de surra na bunda, tem uma cicatriz de golpe ao longo do pescoço, e é quebrado de uma das virilhas. Este mulato já andou fugido há tempo, e andava embarcado em uma embarcação do Xalupa de Óbidos com o nome de Antonio Macapá, foi capturado nesta cidade; fugindo segunda vez, andou na Escuna Lua Nova de propriedade de Luís Martins de Alenquer aonde passava como fôrro e sempre com o nome de Antonio Macapá. A pessoa que o capturar e o apresentá-lo (*sic*) nesta cidade ao sr. Joaquim Mariano de Lemos, ou na vila de Macapá a seu Senhor, ou ao sr. Procópio Antonio Rola receberá imediatamente 100$000 réis de gratificação e protesta-se com todo vigor da Lei contra quem lhe der couto.

Há exemplos de negros fugindo sós e em grupos, adultos e crianças, homens e mulheres.

FUGAS

Registros de fugas de escravos têm sido encontrados em diversas partes do país, a partir do século XVII até às vésperas da Abolição.

Alguns exemplos:

No final do século XIX, quando muitos brancos já haviam abraçado a causa abolicionista, na região de Sorocaba, um cronista narra uma fuga coletiva – homens, mulheres e crianças capitaneadas pelo negro Pio – da forma seguinte:

> Caminhavam para a cidade de Porto Feliz. Destacamentos policiais os cercaram na estrada. Eles resistiram e dispersaram seus agressores. Em pleno dia, em marcha serena e calma, atravessaram as ruas da cidade. Mais adiante, duas ou três escaramuças vitoriosas com a polícia. Vencida a sua, o governo policial requisitou força do Exército. Sob o comando do alferes Gasparino Carneiro Leão, cinquenta praças de cavalaria partiram para cercar e deter os resolutos rebeldes. Já nessa época, o Exército Nacional recusava-se a prestar os serviços de "cães de sangue" de caçadores de escravos. O alferes Gasparino, moço de alma nobre, não escondia seus sentimentos abolicionistas. Seguiu para a infame diligência, disposto a não perseguir os infelizes; mas, nas cercanias de Santo Amaro, do alto de um morro, avistou os escravos que, da ladeira oposta, desciam para os fundos do desfiladeiro. O comandante destacou um aspençada, também abolicionista, para aconselhar os pretos a debandar pelas matas. O aspençada apeara e seguiu a pé. O chefe dos fugitivos, o preto Pio, ignorando os humanitários intuitos do soldado, correu-lhe ao encontro e matou-o com golpe de foice. As praças, em espontânea represália, a tiros, mataram o preto. Apesar da excitação do momento, o oficial abolicionista não consentiu na chacina dos foragidos apavorados. Voltou para São Paulo, respondeu a conselho militar e foi unanimemente absolvido.
>
> Os escravos continuaram sua dolorosa viagem para a cidade de Santos e, nas abas da Serra do Mar, entre os contrafortes por onde corre o Cubatão, foram caçados como feras. Os capitães de mato e a polícia mataram homens, mulheres, crianças sem piedade. Menos de vinte fugitivos conseguiram chegar a Santos.
>
> O cadáver do preto Pio, trazido para São Paulo, foi aberto na Repartição de Polícia. O relatório pericial mostrou que ele não se alimentava havia mais de três dias!
>
> A autópsia revelou, pois, que aquele chefe negro, que batera forças organizadas, que pisara dominador de povoações ricas, padecia de fome no momento em que deu a vida pela liberdade de sua raça

"Depoimento de uma Testemunha", in *A Perseverança III e Sorocaba*, José Aleixo Irmão, p. 363-4).

Por que fugiam?

Para alguns autores, porque não se conformavam com os maus-tratos a eles dispensados. Para outros, porque queriam gozar a liberdade por algum tempo, embora sabendo que acabariam sendo capturados.

Não cremos que seja possível limitar a fuga dos escravos sempre a essas razões. Se quisessem gozar de uma liberdade fugidia não tratariam de alterar seus nomes, deixar crescer ou raspar barbas e cabelo, buscar uma integração econômica em alguma vila próxima. Ou, como em muitos casos, aquilombando-se.

Não se pode negar que alguns negros fugidos ficassem rondando a fazenda qe origem, a qual às vezes assaltavam para conseguir comida, roupa e até companhia. Há casos de escravos fugidos, recapturados nas próprias senzalas de origem ao visitar suas namoradas ou tentando convencê-las à fuga. Esse fujão ribeirinho acabava sendo pego com mais facilidade. Há também os que nunca mais foram resgatados, refugiando-se em quilombos quase inexpugnáveis.

O mais famoso deles foi o de Palmares, cantado em prosa e em verso como um momento heroico do negro brasileiro. Cremos que, além disso, as revoltas dos escravos se constituem em atos de dignidade humana.

Palmares, por exemplo, foi um verdadeiro estado dentro do estado, com relações econômicas estáveis, estrutura socioeconômica estabelecida e contatos comerciais com vilas próximas, em pleno século XVII e com duração total de 67 anos, segundo se crê. E isto no Nordeste brasileiro, área das mais povoadas e desenvolvidas da colônia na época.

Mas falar de quilombos não é falar apenas de Palmares (a respeito de que não nos estenderemos aqui porque há boa bibliografia a respeito). Vamos encontrar quilombos em São Paulo, na Bahia, no Norte e em Mato Grosso onde, curiosamente, uma mulher chegou a governar.

Por vezes os quilombos tinham constituição apressada e duração efêmera, renda destruídos por alguns capitães do mato ou mesmo por dissenções internas. Noutros casos, porém, alcançavam tamanha importância que exigiam pedidos enfáticos por parte dos senhores, ao governo, no sentido de destruir o foco subversivo. É o que ocorre quando os "moradores e mineiros" próximos a Cuiabá pedem ao governador para que mande destruir Quariterê, em 1769.

Esse quilombo, liderado pela rainha Tereza, vivia não apenas de suas lavouras, mas da produção de algodão que servia para vestir os negros e, segundo alguns autores, até mesmo para funcionar como produto de troca com a região. Possuía ainda duas tendas de ferreiro para transformar os ferros utilizados contra os negros em instrumentos de trabalho.

Sua destruição foi festejada como ato de heroísmo, em Portugal. O governo português afirmou, por carta, que considerava a capitania capaz de se defender dos castelhanos "que não suponho, nessa fronteira, muito mais fortes, nem melhor disciplinados que a multidão de negros armados e resolutos".

Por aí pode se ter uma ideia da importância dada pelos portugueses ao sucesso por eles obtido na repressão ao quilombo de Quariterê – como aliás na de qualquer outro quilombo.

Um quilombo era um foco de negros livres numa sociedade que se baseava em relações sociais de caráter escravista. Era, pois, um mau exemplo para outros escravos e uma esperança concreta para os fugidos.

É importante perceber que a fuga não era, em si, a libertação do negro, uma vez que, em geral, ele não tinha para onde ir. Sua cor de pele logo o denunciava – o negro era escravo até prova em contrário –, a falta de um trabalho o levava muitas vezes a assaltar para sobreviver; sua captura era apenas uma questão de tempo. O quilombo tornava-se uma alternativa viável para ele, uma forma de conseguir não apenas uma intervenção passageira do brutal cotidiano, mas uma liberdade real.

A destruição de um quilombo representava, portanto, uma luta contra a "agitação subversiva", uma vez que negros livremente congregados constituíam-se num flagrante desafio ao regime vigente – todo ele articulado com o sistema escravista.

O objetivo do escravo em sua fuga era a liberdade. Ao sistema cabia evitar que isso ocorresse. E é claro que o escravo não fugia apenas porque e quando era submetido a maus-tratos. Rebelava-se contra sua condição de escravo.

Por meio da imprensa em todo o século xix podemos ler anúncios que reclamam de escravos fugidos. E eles continuam fugindo, mesmo sabendo dos bárbaros castigos que os aguardavam quando fossem recapturados –, ou mesmo a morte; continuavam fugindo até quando eram bem tratados, o que levava seus senhores a solicitar que fossem os "ingratos" encontrados e devolvidos.

Mais para o final do século, as fugas recrudesceram, estimuladas pelo movimento abolicionista que chegava, mesmo, a acobertar negros. Perto da Abolição, o movimento chegou a adquirir tamanha força em alguns lugares que os próprios senhores não tinham mais controle sobre a situação.

Isto, contudo, só nos anos finais da escravidão, quando a repressão ia se reduzindo porque já não contava sequer com o apoio da população. O sistema escravista começava a deixar de ser algo "natural".

E a figura do capitão do mato, a repressão corporificada, tornava-se um tipo ultrapassado pela História.

De fato, o capitão do mato era o executor da caça e captura do negro fugido, uma figura apenas compreensível dentro do sistema como um todo. De uma forma um pouco simplista, ele tem sido visto como o negro traidor, aquele que renegava as suas origens ao se dispor a fazer o sujo serviço de aprisionar seus irmãos de raça.

É preciso lembrar que esse era um serviço muito bem remunerado, exceção dentre os ofícios que aguardavam o negro liberto. Embora considerado serviço duro, era legitimado socialmente, transformando o capitão do mato num "negro diferente", um homem do sistema. O poder que adquiria como capitão do mato o levava a ter, muitas vezes, a seu serviço, por algum tempo, negros que havia caçado e que deveria devolver aos donos. Só devolvia alguns escravos quando caçava outros, permanecendo quase sempre com um verdadeiro "capital de giro". Não é portanto acidental vermos, em documentação do século xix, negros proprietários de escravos ou de terras.

Ser capitão do mato, trair suas origens, era uma das poucas formas de o negro romper a barreira etnossocial e usufruir – carregando embora a maldição de traidor – o sistema que o havia oprimido.

Mais para o final da escravidão, não apenas o capitão do mato perde sua legitimidade, como a fuga de escravos muda sua imagem. Mas, até lá, a revolta do escravo era, muitas vezes, um ato solitário que, no limite, revelava-se no próprio assassinato do seu senhor.

SENHORES assassinados

Um escravo foi julgado em meados do século XIX por ter assassinado seu senhor, no Rio de Janeiro. O teor do processo descreve o escravo como um "bom trabalhador" e seu senhor – um mercador de café ávido de lucros –, homem impiedoso que exigia trabalho excessivo dele. Mesmo assim, o destino do escravo parecia selado, tanto que, quando o juiz lhe perguntou, ao final da sessão, se tinha algo a acrescentar em sua defesa, o negro sentenciou:

"– Em meio às galinhas, baratas nunca têm razão."

Este é um documento pouco comum que não apenas demonstra ter sido um escravo ouvido em juízo, como ainda registra a sua fala.

Na verdade, assassinatos de senhores, feitores e administradores por parte dos escravos foi uma constante no decorrer de todo o período escravista e muitas raras vezes a imprensa explicava as razões do crime, preocupando-se apenas em ver o lado do senhor.

Veja-se a transcrição que um cronista faz do assassinato do vice-presidente da Câmara Municipal de Sorocaba, o tenente-coronel Fernando Lopes de Sousa Freire, "o mais abastado cidadão desta localidade", ocorrido no dia 28 de abril de 1875:

> Estava o tenente coronel sentado à porta do seu palacete, na rua Flores, conversando com seu hóspede, comendador Luiz Vergueiro, quando, ao passar alguns amigos, levantaram-se e ficaram a palestrar com eles. Assim que saíram, o Tte. cel. Fernando Lopes ficou um minuto só, de costas para a rua. Ouviu-se o estrondo de um bacamarte, lançando por terra a vítima que, morrendo, pronunciava as seguintes palavras: "eu morro... eu morro... minha mulher... meus filhos... foi meu escravo Generoso". Houve pânico, cuidando-se mais de socorrer

a vítima do que em se prender o criminoso. Mesmo assim, apesar de sair às carreiras, foi ele perseguido por dois escravos do falecido e por dois rapazes que, à meia-lua do lampião do Hotel das Flores, reconheceram ser mesmo o escravo Generoso, que enveredou pela travessa do Bom Jesus. Vendo que não cessava a perseguição, parou, abriu o poncho e se voltou para os perseguidores que, temerosos, também pararam. Então Generoso pôs-se a correr e a gritar pela travessa referida: "pega! pega!". Sumiu por um dos becos da rua do Hospital que levam ao brejo do Supiriri. Sumiu e nunca mais foi preso.

Esse escravo estava foragido há quinze meses. Era de confiança da vítima. Fora visto, na antevéspera do crime, pelo capataz de tropas, do com. Luiz Vergueiro, no lugar chamado Cruz-de-Ferro. Estava armado de bacamarte e faca. Avisado o tenente-coronel, este comunicou-se com a polícia que soube estar o Generoso em casa de uma tal Bárbara, em Terra Vermelha. De posse de mandado de prisão foram à casa de Bárbara. Já lá não se encontrava o escravo. Vingou-se ele do senhor, no dia 28, ao cair da noite, aproximando-se, calmamente, do palacete, pelo lado da Rua Direita e desfechando-lhe o tiro mortal. (*A Perseverança III e Sorocaba*, de José Aleixo Irmão, p. 140-1.)

Não foi um caso isolado. Às vezes, pelo depoimento dos assassinos ou nas entrelinhas do processo compreende-se o móvel do crime.

• A reação violenta a castigo considerado injustificável:

> Segundo o réu, estava trabalhando na prensa quando se quebrou um prego. Por isso foi espancado pelo seu senhor, pelo que, revoltado, esfaqueou-o quatorze vezes.

• Desesperança, castigos sistemáticos:

> ... havia dito ao feitor que se achava doente e que não podia trabalhar, ao que lhe respondeu o feitor que negro e burro eram para trabalhar senão não faltaria o chicote, já porque no dia do delito e logo no começar o serviço pela manhã foi chicoteado pelo feitor, vendo-se então como disse, descoroçoado, tomou a faca e feriu a este e fugiu...

• Revide a opressões familiares:

> Benedito, de 18 anos, crioulo, trabalhador da roça, em abril de 1849, quando viu o senhor açoitar-lhe a mãe, avançou para ele com um pau e esbordoou-lhe até matá-lo.

- Às vezes o crime era premeditado:

    Ana, Martinho, João Caetano e também Benedito (feitor) mataram seu senhor a golpes de enxada, em 28 de fevereiro de 1876, em Campinas. Segundo declarações dos réus, o crime foi perpetrado de comum acordo entre eles por ser a vítima muito má.

Outras vezes visava a mulher do senhor:

   Em 14 de agosto do referido ano (1881)... foi barbaramente assassinada por um seu escravo de nome Simão, a esposa de Apolinário Jacinto da Silva. O assassino armado de uma mão-de-pilão e um facão penetrou de improviso na sala em que sua senhora estava e descarregou uma mortífera bordoada sobre a cabeça e em seguida uma facada no ventre...

Ocorriam tantas explosões, verificam-se tantas vinganças pessoais que uma leitura apressada nos levaria a imaginar que as revoltas se devessem a uma relação particularmente ruim entre maus senhores e bons escravos, ou, eventualmente, entre bons senhores e maus escravos. Enfim, sempre problemas individuais.

Nada nos permite assegurar que possa ser feita uma tipificação de proprietários e escravos que revele algo de novo. De fato, a leitura dos jornais do século XIX nos permite verificar que havia um ambiente de medo, uma verdadeira paranoia, notadamente em áreas onde a população escrava era, relativamente, muito grande. Notícias de revoltas de escravos, assassinatos de patrões e familiares – às vezes verdadeiros massacres – eram assuntos de conversas à mesa, em voz baixa, para que nenhum negro ouvisse.

Brancos não saíam sozinhos em regiões onde se sabia de negros aquilombados ou mesmo fugidos e agrupados. São inúmeros os apelos de câmaras municipais ao governo provincial ou imperial solicitando tropas para conter "revoltas iminentes". A insegurança – fruto do profundo desequilíbrio social, da terrível exploração – levava os senhores a tomarem medidas mais repressivas, a solicitarem leis cada vez mais severas. Como se as leis severas, medidas coercitivas, "esquadrões da morte" liderados por ferozes capitães do mato, pudessem resolver o problema...

SUICÍDIOS

No limite de sua resistência física e moral, o escravo se matava. Além de gesto de libertação, de ponto final à sua condição de objeto, ele golpeava fundo seu senhor, fazendo com que tivesse prejuízo do investimento que fizera nele. Alguns números nos permitem avaliar a dimensão do problema. Em 1848, dos 33 suicídios ocorridos na Bahia, 27 foram de escravos, dos quais 26 africanos.

As formas de auto-eliminação eram as mais variadas: asfixia, enforcamento, arma branca, arma de fogo, veneno. Alguns exemplos:

"O preto fugido Antonio, escravo de José Maximiano de Carvalho, por ocasião de ser capturado, cravou em si, no ventre, uma faca, o que lhe produziu instantaneamente a morte."

Em Manaus, cinco escravos fugiram, mas logo foram recapturados. Um deles se mostrou tão indócil que se julgou necessário encadeá-lo por uma perna a um poste, no pátio. À noite, atravessando o seu senhor o pátio, o escravo tentou assassiná-lo com uma faca. Frustrada sua tentativa, encostou o cabo da faca no poste e rasgou o seu próprio ventre.

Uma visão folclórica da História fala que a doença do escravo no Brasil era o *banzo*, irreprimível saudade da pátria distante. No limite, essa doença o levava ao suicídio.

Essa visão deixa de lado dois dados fundamentais: primeiro que a saudade do negro era referente à sua liberdade, a uma organização social menos injusta; depois, que o suicídio do escravo não era simplesmente um ato de fraqueza, mas antes um gesto de revolta; um derradeiro e eloquente gesto de revolta.

REVOLTAS

A presença do negro na História do Brasil não se resume ao trabalho pesado baseado na submissão total. Como já vimos, os escravos fugiam, se matavam e atentavam contra a vida de seus senhores. Isso nas condições de existência a que eram submetidos, o que não era coisa pouca. Que dizer então das revoltas dos negros? Não de um ou dois, mas de grupos de negros que se levantavam contra sua condição?

Autores como J. A. Goulart e Clovis Moura têm tido a preocupação de estudar essas revoltas, enxugando-as de seu aspecto folclórico-religioso e recuperando seu caráter de rebelião dos oprimidos.

De algum tempo para cá, vários trabalhos acadêmicos têm buscado mapear os levantes negros e é de se esperar que logo mais esses importantes capítulos da nossa História façam parte dos manuais escolares, uma vez que vamos encontrá-los por todo o Brasil.

A Balaiada, ocorrida em 1838 no Maranhão e no Piauí, talvez seja o mais conhecido dos levantes escravos. Durante três anos, os negros revoltosos resistiram às tropas do governo para, no final, capitularem diante das forças muito superiores lideradas pelo futuro Duque de Caxias.

Na Bahia, negros muçulmanos causaram transtorno muito grande às autoridades nas primeiras décadas do século XIX. Em 1808-9 escravos haussás desertaram de engenhos no Recôncavo Baiano e internaram-se nas matas onde foram caçados brutalmente e depois mortos ou aprisionados. Em 1813, cerca de seiscentos negros da armação de Manuel Inácio da Cunha se revoltaram e atacaram todos os brancos que encontraram pelo caminho nas cercanias de Itapuã. Só foram batidos quando importantes tropas colocadas no seu encalço mataram ou feriram cinquenta deles.

Em 1835, apesar de denunciados por uma negra liberta, dezenas de nagôs se revoltaram, chegando a ocupar, por horas, ruas e edifícios públicos de Salvador.

No Rio, no Espírito Santo, em São Paulo, no Sul, a quantidade de levantes negros ocorridos ou abafados graças a denúncias foi muito grande. Na segunda metade do século XIX, o temor desses movimentos se tornou intenso. Nas cidades, os negros constituíam sociedades secretas de cunho religioso nas quais preservavam antigas crenças, ou desenvolviam práticas sincréticas

Assassinatos de senhores, feitores e administradores por parte de escravos revoltados foram uma constante no decorrer de todo o período escravista (Arago).

– a "síntese" entre o cristianismo e religiões africanas; treinavam lutas em que aprendiam golpes mortíferos – capoeira – destinados a seus inimigos. No campo, a grande concentração de escravos apavorava os brancos.

Um delegado de polícia de Campinas escrevia ao presidente da província dizendo que, com tantas fazendas amontoadas, fácil seria aos escravos juntar uma força de dois mil homens,

> O que é bastante para assolar uma população sem meios de defesa. Pondero a V. Exa. que, nesta cidade, há muita gente de classe baixa que se liga coma escravatura, dizendo-lhes coisas que podem ser fatais. Por exemplo, que a Inglaterra e o Paraguai protegem os escravos e que os paraguaios nos declararam guerra para libertá-los da escravidão.

Como se vê, o fantasma de uma insurreição ampla estava sempre presente nos pesadelos dos senhores e das autoridades. Levar isso em consideração é importante, tanto para destinar ao negro o verdadeiro papel que ocupou, como para se pensar o próprio processo do fim do escravismo no Brasil.

Se não se pode falar de uma sedição negra que tenha provocado o fim do escravismo, o inconformismo dos oprimidos materializado em gestos como fugas, suicídios, assassinatos, rebeliões demonstra o peso que os escravos teriam em sua própria libertação.

A abolição não pode ser reduzida a um ato de brancos.

Sugestões de leitura

ALENCASTRO, Luís Felipe de. *Le commerce des vivants: traite d'esclaves et "pax lusitana" dans l'Atlantique sud.* (3 v.) Tese de Doutorado. Paris, 1985.

CAPELA, José. *Escravatura. Conceitos. A empresa de saque.* 2. ed. Porto: Afrontamento, 1978.

COSTA, Emília Viotti da. *Da senzala à colônia.* São Paulo: Difusão Europeia do Livro, 1966.

DEL PRIORE, Mary (org.); BASSANEZI, Carla (coord. de textos). *História das mulheres no Brasil.* São Paulo: Contexto, 1997.

DEL PRIORE, Mary (org.)– *História das crianças no Brasil.* São Paulo: Contexto, 1999.

FERNANDES, Florestan. *Circuito fechado.* São Paulo: Hucitec, 1977.

FREITAS, Marcos Cezar (org.). *Historiografia brasileira em perspectiva.* São Paulo: Contexto, 1998.

GORENDER, Jacob. *O escravismo colonial.* São Paulo: Editora Ática, 1978.

GOULART, José Alípio. *Da palmatória ao patíbulo* (Castigos de escravos no Brasil). Rio de Janeiro: Editora Conquista, 1971.

MATTOSO, Katia M. de Queirós. *Être Esclave au Brésil* (XVIe-XIXe siècle). Paris: Hachette, 1979.

NEVES, Maria de Fátima Rodrigues das. *Documentos sobre a escravidão no Brasil.* São Paulo: Contexto, 1995.

NOVAIS, Fernando A. *Portugal e Brasil na crise do antigo sistema colonial (1777-1808).* São Paulo: Editora Hucitec, 1979.

RODRIGUES, Nina. *Os africanos no Brasil.* São Paulo: Companhia Editora Nacional, 1976.

STEIN, Stanley J. *Grandeza e decadência do café no Vale do Paraíba.* trad. Edgar Magalhães. São Paulo: Editora Brasiliense, 1961.

GRÁFICA PAYM
Tel. [11] 4392-3344
paym@graficapaym.com.br